老人与海

Lǎo rén yǔ Haǐ

노인과 바다

두근두근 확장 중국어 02

老人与海 노인과 바다

초판 1쇄 인쇄 2020년 10월 28일
초판 1쇄 발행 2020년 11월 4일

원작 어니스트 헤밍웨이 | **편저** 김선경
펴낸이 박지혜

기획·편집 박지혜 | **마케팅** 윤해승 최향모
디자인 this-cover | **일러스트레이션** @illdohhoon
제작 더블비

펴낸곳 ㈜멀리깊이
출판등록 2020년 6월 1일 제406-2020-000057호
주소 10881 경기도 파주시 광인사길 127 2층
전자우편 murly@munhak.com
편집 070-4234-3241 | **마케팅** 02-2039-9463 | **팩스** 02-2039-9460
인스타그램 @murly_books
페이스북 @murlybooks

ISBN 979-11-971396-5-9 14720
979-11-971396-3-5 (세트)

* 이 도서의 국립중앙도서관 출판정도서목록(CIP)은 서지정보유통지원시스템 홈페이지(http://seoji.nl.go.kr)와 국가자료종합목록 구축시스템(http://kolis-net.nl.go.kr)에서 이용하실 수 있습니다.
(CIP 제어번호: CIP2020034409)
* 잘못된 책은 구입하신 서점에서 교환해드립니다.

*** (주)멀리깊이는 (주)휴먼큐브의 출판유닛입니다.**

두근두근
확장 중국어 02

노인과 바다

老人与海

책장만 넘기면 문장이 완성되는 완벽한 어순 학습법

원작 어니스트 헤밍웨이
편저 김선경

멀리깊이

前言

"와, 이렇게 공부하면 정말 좋겠네요!"

처음 출간 제의를 받고 이 책의 본문 구성을 보자마자 감탄사처럼 나온 말이었습니다. 책을 마무리하고 나니 '이렇게 공부하면 정말 좋겠다'는 설렘은 확신으로 바뀌었어요.

이미 아시는 것처럼 중국어 학습에는 여러 장벽이 존재합니다. 성조나 병음도 물론 큰 장애물이지만, 가장 구조적인 어려움은 어순에 있습니다. 영어와 같이, 중국어도 우리말과 완벽하게 반대에 위치하는 어순 때문에 긴 문장을 만들어 내기가 쉽지 않지요. 두근두근 확장 중국어 시리즈는 책장만 넘기면 어순에 따라 문장이 길어지는 학습 방법을 통해 좀처럼 정복하기 힘든 중국어의 높은 허들을 재미있게 넘을 수 있도록 도와줍니다. 한국인이

사랑하는 캐릭터 중 하나인 산티아고와 함께 배우는 중국어의 핵심 문장은 단기간에 중국어 초급 실력을 중급으로 끌어올려줄 디딤돌이 될 거예요. 단문 회화에서 벗어나 좀 더 풍부한 회화를 공부하고 싶은 분, 초급 중국어 실력으로 짧게나마 원서 한 권을 독파하고 싶다는 당찬 의지를 가진 분, 기존의 회화 학습방법에 흥미를 잃은 분들에게 권하고 싶은 책입니다.

万事开头难!

시작이 반입니다. 초급 중국어로 책 읽기, 당신도 할 수 있습니다!

2020년 김선경

Step 1 책장만 넘기세요. 문장이 저절로 길어집니다!

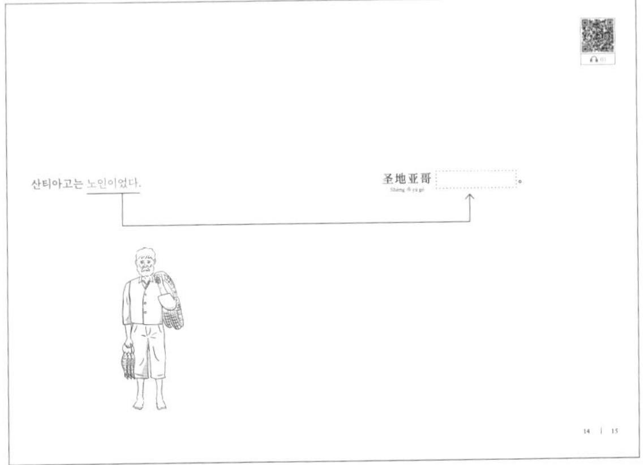

❶ 모든 문장은 중국어에서 가장 많이 쓰는 기본 패턴으로 구성했습니다. 책장을 넘길 때마다 중국어의 어순대로 문장이 늘어나기 때문에, 우리말과 다른 중국어 어순을 자연스럽게 익힐 수 있습니다.

산티아고는 혼자 고기잡이를 하는 노인이었다.

圣地亚哥是一个老人，＿＿＿＿＿＿。

* 15쪽 빈칸 정답
是一个老人

16 | 17

❷ 책장을 넘기면 어순에 따라 자연스럽게 문장이 늘어납니다. 왼편 하단에는 앞장의 빈칸 정답이 제공됩니다.

모르는 표현이 나와도 당황하지 마세요. 책장을 넘기면, 정답이 보입니다!

QR코드를 재생하세요.
저절로 문장이 완성됩니다!

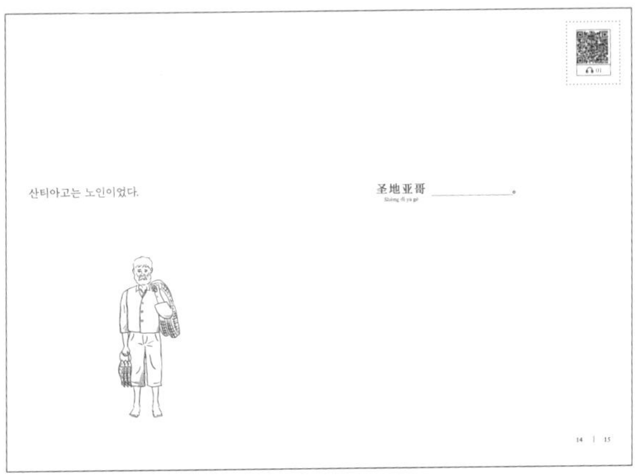

* 확장형 문장이 시작하는 모든 페이지에는 듣기용 QR코드가 있습니다. 자연스럽게 빈칸을 채우는 딕테이션(dictation: 들리는 대로 받아쓰기) 학습을 할 수 있어, 최상의 집중력으로 단기간에 어학 실력을 끌어올릴 수 있습니다.
* 스마트폰 카메라로 QR코드를 찍으시면 듣기 파일이 재생됩니다.
* https://cafe.naver.com/murlybooks 에 들어오시면 mp3 파일을 다운로드 받으실 수 있습니다.

Step 3 줄거리 문장을 읽으세요. 자연스럽게 원서 전체를 읽게 됩니다.

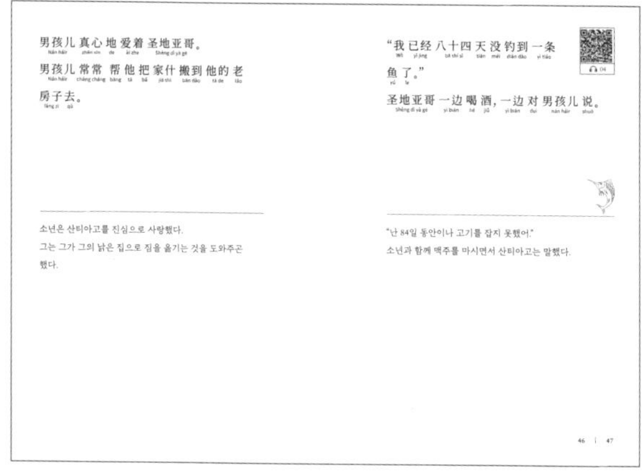

男孩儿真心地爱着圣地亚哥。
男孩儿常常帮他把家什搬到他的老房子去。

소년은 산티아고를 진심으로 사랑했다.
그는 그가 그의 낡은 집으로 짐을 옮기는 것을 도와주곤 했다.

"我已经八十四天没钓到一条鱼了。"
圣地亚哥一边喝酒，一边对男孩儿说。

"난 84일 동안이나 고기를 잡지 못했어."
소년과 함께 맥주를 마시면서 산티아고는 말했다.

46 | 47

* 확장형 문장으로 패턴을 익힌다면, 줄거리 문장을 통해 원서 읽기의 기쁨을 느낄 수 있습니다. 모두가 알지만 누구도 읽어 본 적 없는 원서 읽기! 두근두근 확장 시리즈로 경험해 보세요!

전문을 읽으세요.
두 배로 오래 기억하게 됩니다.

圣地亚哥是一个老人，独自在古巴的大海里摇着小船打鱼。

尽管他很消瘦，满脸都是皱纹，可是他的一双眼睛闪动着蓝光，炯炯有神。

他和一个男孩子是朋友，男孩子从五岁的那一年开始跟他学打鱼的方法。

男孩儿真心地爱着圣地亚哥。

男孩儿常常帮他把家什搬到他的老房子去。

“我已经八十四天没钓到一条鱼了。”

圣地亚哥一边喝酒，一边对男孩儿说。

“像以前我们俩一起出海一连三周天天打鱼时一样，请你带我一起去吧。”

但是父亲让男孩儿上了另一条能捕到很多鱼的船，他不得不听从父亲的话。

一大早，圣地亚哥轻轻地抚摸男孩儿的脚，把他叫醒后和他一起去了海边。

圣地亚哥喝了男孩儿给他的两杯咖啡代替早饭，然后独自上了自己的船。

圣地亚哥把两只小鱼挂在鱼钩上，然后把鱼竿抛出去，开始垂钓。

海水在早晨阳光的照射下闪闪发亮。

“尽管到目前为止，我很倒霉，可是谁知道今天会发生什么事？”

“我能做的是把我自己的活儿干好。”他自说自话。

圣地亚哥慢慢在平静的海面上划着船，遥望飞翔在空中寻找食物的鸟儿。

528 | 529

* 본문에 등장한 확장형 문장과 줄거리 문장을 모은 전문으로 이제까지 익힌 필수 영어 패턴을 한 번에 정리할 수 있습니다. 출퇴근길이나 잠들기 전, 듣기 파일을 들으며 전체 문장을 소리내어 읽어 보세요. 긴 문장 말하기, 여러분도 해낼 수 있습니다!

目录

老人与海
Lǎo rén yǔ Haǐ

산티아고는 노인이었다.

圣地亚哥 ____________。

Shèng dì yà gē

산티아고는 혼자 고기잡이를 하는 노인이었다.

* 15쪽 빈칸 정답

是 一个 老人
shì yí ge lǎo rén

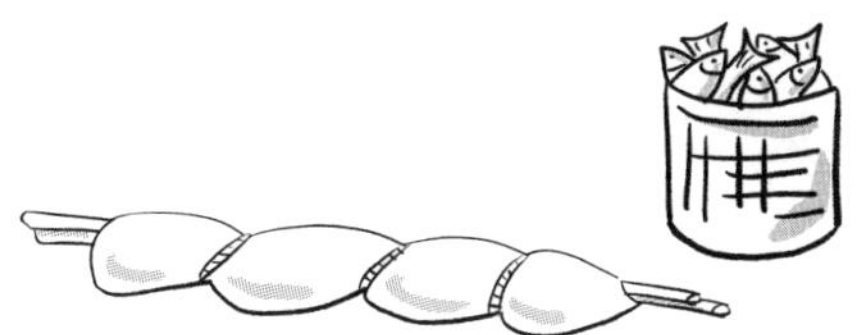

圣地亚哥是一个老人，__________。
Shèng dì yà gē shì yí ge lǎo rén

산티아고는 작은 배를 타고 혼자 고기잡이를 하는 노인이었다.

* 17쪽 빈칸 정답

独 自 打 鱼
dú zì dǎ yú

圣地亚哥 是 一个 老人, 独自 ______________
Shèng dì yà gē shì yí ge lǎo rén dú zì

______ 打鱼。
dǎ yú

산티아고는 쿠바의 바다에서 작은 배를 타고 혼자 고기잡이를 하는 노인이었다.

* 19쪽 빈칸 정답

摇 着 小 船

yáo zhe xiǎo chuán

圣地亚哥是一个老人，独自 ______________________
Shèng dì yà gē shì yí ge lǎo rén dú zì

______________________ 摇着小船打鱼。
yáo zhe xiǎo chuán dǎ yú

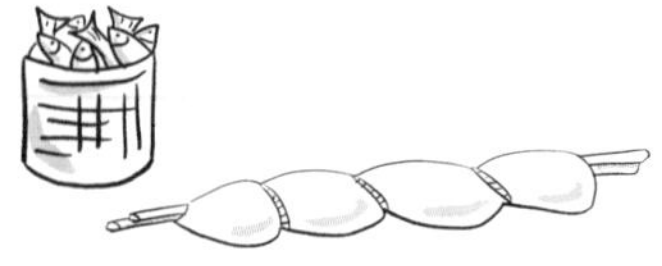

산티아고는 쿠바의 바다에서 작은 배를 타고 혼자 고기잡이를 하는 노인이었다.

* 21쪽 빈칸 정답

在 古巴 的 大 海 里
zài Gǔbā de dà hǎi lǐ

圣地亚哥 是 一个 老人，独自 在 古巴 的 大海
Shèng dì yà gē shì yí ge lǎo rén dú zì zài Gǔ bā de dà hǎi

里 摇着 小船 打鱼。
li yáo zhe xiǎo chuán dǎ yú

그의 눈만은 빛났다.

他的一双眼睛 ________________。
Tā de yì shuāng yǎnjing

* 发亮(fāliàng) 빛나다

그의 눈만은 밝게 빛났다.

* 25쪽 빈칸 정답

发亮

fāliàng

他 的 一双 眼睛 ________ 发亮。
Tā de yì shuāng yǎn jing fā liàng

* 闪闪(shǎnshǎn) (빛이) 번쩍번쩍하다, 번쩍거리다

그의 눈만은 푸른 빛으로 밝게 빛났다.

* 27쪽 빈칸 정답

闪闪

shǎnshǎn

他的一双眼睛闪动着__________，
Tā de yì shuāng yǎn jing shǎn dòng zhe

炯炯有神。
jiǒng jiǒng yǒu shén

그는 삐쩍 말랐지만, 그의 눈만은 푸른 빛으로 밝게 빛났다.

* 29쪽 빈칸 정답

蓝 光

lán guāng

____________________________，可是 他 的
kě shì Tā de

一双 眼睛 闪动 着 蓝光，炯炯有神。
yì shuāng yǎn jing shǎn dòng zhe lán guāng, jiǒng jiǒng yǒu shén

그는 삐쩍 마르고 주름투성이었지만, 그의 눈만은 푸른 빛으로 밝게 빛났다.

* 31쪽 빈칸 정답

尽管他很消瘦

Jǐn guǎn tā hěn xiāo shòu

尽管他很消瘦，______________________

Jǐn guǎn tā hěn xiāo shòu

____，可是他的一双眼睛闪动着蓝光，

kě shì tā de yì shuāng yǎn jing shǎn dòng zhe lán guāng,

炯炯有神。

jiǒng jiǒng yǒu shén

그는 삐쩍 마르고 주름투성이었지만, 그의 눈만은 푸른 빛으로 밝게 빛났다.

* 33쪽 빈칸 정답

满 脸 都 是 皱 纹

mǎn liǎn dōu shì zhòu wén

尽管他很消瘦，满脸都是皱纹，可是他的
Jǐn guǎn tā hěn xiāo shòu mǎn liǎn dōu shì zhòu wén kě shì tā de

一双眼睛闪动着蓝光，炯炯有神。
yì shuāng yǎn jing shǎn dòng zhe lán guāng, jiǒng jiǒng yǒu shén

그는 소년과 친구로 지내고 있었다.

他 ____ 一个 __________ 是朋友。
Tā ____ yí ge __________ shì péng you

그는 고기 잡는 법을 배운 소년과 친구로 지내고 있었다.

* 37쪽 빈칸 정답

和, 男孩子
hé, nán hái zi

他和一个 ______________________________
Tā hé yí ge

男孩子是朋友。
nán hái zi shì péng you

그는 그에게 고기 잡는 법을 배운 소년과 친구로

지내고 있었다.

* 39쪽 빈칸 정답

学 打鱼 的 方法 的
xué dǎyú de fāngfǎ de

他和一个男孩子是朋友，男孩子＿＿＿＿＿＿学打鱼的方法。
Tā hé yí ge nán hái zi shì péng you nán hái zi xué dǎ yú de fāng fǎ

그는 다섯 살 때부터 그에게 고기 잡는 법을 배운

소년과 친구로 지내고 있었다.

* 41쪽 빈칸 정답

跟 他
gēn tā

他和一个男孩子是朋友，男孩子 ______________
Tā hé yí ge nán hái zi shì péng you nán hái zi

______________________________ 跟他学
gēn tā xué

打鱼的方法。
dǎ yú de fāng fǎ

그는 다섯 살 때부터 그에게 고기 잡는 법을 배운 소년과 친구로 지내고 있었다.

* 43쪽 빈칸 정답

从 五岁 的 那 一年 开始
cóng wǔ suì de nà yì nián kāi shǐ

他和一个男孩子是朋友,男孩子从五岁
Tā hé yí ge nán hái zi shì péng you, nán hái zi cóng wǔ suì

的那一年开始跟他学打鱼的方法。
de nà yì nián kāi shǐ gēn tā xué dǎ yú de fāng fǎ

男孩儿 真心 地 爱着 圣地亚哥。
Nán háir zhēn xīn de ài zhe Shèng dì yà gē

男孩儿 常常 帮 他 把 家什 搬到 他的 老
Nán háir cháng cháng bāng tā bǎ jiā shi bān dào tā de lǎo

房子 去。
fáng zi qù

소년은 산티아고를 진심으로 사랑했다.

그는 그가 그의 낡은 집으로 짐을 옮기는 것을 도와주곤 했다.

"我已经八十四天没钓到一条鱼了。"
Wǒ yǐjing bā shí sì tiān méi diào dào yì tiáo yú le

圣地亚哥一边喝酒,一边对男孩儿说。
Shèng dì yà gē yì biān hē jiǔ yì biān duì nán háir shuō

"난 84일 동안이나 고기를 잡지 못했어."

소년과 함께 맥주를 마시면서 산티아고는 말했다.

“저를 할아버지와 함께 데려가 주세요.”

"请你 ______________________ 去吧。"
Qǐng nǐ qù ba

"옛날처럼, 저를 할아버지와 함께 데려가 주세요."

* 49쪽 빈칸 정답

带 我 一起
dài wǒ yì qǐ

“________________,请你带我一起去

qǐng nǐ dài wǒ yì qǐ qù

吧。”

ba

“우리가 함께 나가던 옛날처럼, 저를 할아버지와 함께 데려가 주세요.”

* 51쪽 빈칸 정답

像 以 前 一 样

Xiàng yǐ qián yí yàng

“像 以前 ____________________ 时
Xiàng yǐ qián shí

一样，请 你 带 我 一起 去 吧。”
yí yàng qǐng nǐ dài wǒ yì qǐ qù ba

"우리가 함께 나가서 고기를 잡았던 옛날처럼,

저를 할아버지와 함께 데려가 주세요."

* 53쪽 빈칸 정답

我们 俩 一起 出海
wǒmen liǎ yìqǐ chūhǎi

“像以前我们俩一起出海________时一样，
Xiàng yǐqián wǒmen liǎ yìqǐ chūhǎi shí yíyàng

请你带我一起去吧。”
qǐng nǐ dài wǒ yìqǐ qù ba

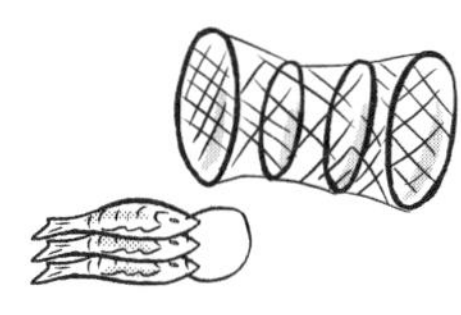

"우리가 함께 나가서 매일 고기를 잡았던 옛날처럼,

저를 할아버지와 함께 데려가 주세요."

* 55쪽 빈칸 정답

打鱼
dǎ yú

“像以前我们俩一起出海________打鱼时
Xiàng yǐ qián wǒmen liǎ yì qǐ chū hǎi dǎ yú shí

一样，请你带我一起去吧。”
yí yàng qǐng nǐ dài wǒ yì qǐ qù ba

"우리가 함께 나가서 삼 주 동안 매일 고기를 잡았던 옛날처럼, 저를 할아버지와 함께 데려가 주세요."

* 57쪽 빈칸 정답

天天
tiān tiān

“像 以前 我们 俩 一起 出海 ______________

Xiàng yǐ qián wǒmen liǎ yì qǐ chū hǎi

______________ 天天 打鱼 时 一样, 请 你 带 我

tiān tiān dǎ yú shí yí yàng qǐng nǐ dài wǒ

一起 去 吧。”

yì qǐ qù ba

"우리가 함께 나가서 삼 주 동안 매일 고기를 잡았던 옛날처럼, 저를 할아버지와 함께 데려가 주세요."

* 59쪽 빈칸 정답

一 连 三周

yì lián sān zhōu

“像 以前 我们 俩 一起 出海 一连 三周 天天
Xiàng yǐ qián wǒmen liǎ yì qǐ chū hǎi yì lián sān zhōu tiān tiān

打鱼 时 一样，请 你 带 我 一起 去 吧。”
dǎ yú shí yí yàng qǐng nǐ dài wǒ yì qǐ qù ba

그러나 소년은 타야 했다.

但是 男孩儿 ________________________。
Dàn shì nán háir

그러나 소년은 다른 배에 타야 했다.

* 63쪽 빈칸 정답

不 得 不 上 了

bù dé bù shàng le

但是 男孩儿 不得不 上 了 ______________________
Dàn shì nán háir bù dé bù shàng le

__________________。

* 另(lìng) 다른, 그 밖[이외] 의

그러나 소년은 많은 물고기들을 잡는 다른 배에

타야 했다.

* 65쪽 빈칸 정답

另 一 条 船

lìng yì tiáo chuán

但是 男孩儿 不得不 上 了 另 一条 ______________

Dàn shì nán háir bù dé bù shàng le lìng yì tiáo

______________________________ 船。

chuán

* 不得不(bù dé bù) 부득이, 할 수 없이

* 捕鱼(bǔ yú) 물고기를 잡다

그러나 그의 아버지 때문에 소년은 많은

물고기들을 잡는 다른 배에 타야 했다.

* 67쪽 빈칸 정답

能捕到很多鱼的

néng bǔ dào hěn duō yú de

但是 ________ 让男孩儿上了另一条能捕
Dàn shì ràng nán háir shàng le lìng yì tiáo néng bǔ

到很多鱼的船，他不得不听从父亲的话。
dào hěn duō yú de chuán tā bù dé bù tīng cóng fù qīn de huà

그러나 그의 아버지 때문에 소년은 많은

물고기들을 잡는 다른 배에 타야 했다.

*** 69쪽 빈칸 정답**

父亲

fù qīn

但是父亲让男孩儿上了另一条能捕到
Dàn shì fù qīn ràng nán háir shàng le lìng yì tiáo néng bǔ dào

很多鱼的船,他不得不听从父亲的话。
hěn duō yú de chuán tā bù dé bù tīng cóng fù qīn de huà

이른 아침이 되자,

07

______________________,

이른 아침이 되자, 산티아고는 갔다.

* 73쪽 빈칸 정답

一 大 早
Yí dà zǎo

一大早，________________________________。
Yí dà zǎo

이른 아침이 되자, 산티아고는 바다에 갔다.

* 75쪽 빈칸 정답

圣 地 亚 哥 去 了
Shèng dì yà gē qù le

一大早，圣地亚哥 去了 ______。
Yí dà zǎo Shèng dì yà gē qù le

이른 아침이 되자, 산티아고는 소년과 함께 바다에 갔다.

* 77쪽 빈칸 정답

海 边
hǎi biān

一大早，圣地亚哥 ________________ 去了
Yí dà zǎo　　Shèng dì yà gē　　　　　　　　　　qù　le

海边。
hǎi biān

* 和~一起(hé~yìqǐ) …와 함께

이른 아침이 되자, 산티아고는 소년을 깨운 뒤 그와 함께 바다에 갔다.

* 79쪽 빈칸 정답

和 他 一起
hé tā yì qǐ

一大早，圣地亚哥 ____ 男孩儿 ____________

Yí dà zǎo Shèng dì yà gē nán háir

和 他 一起 去 了 海边。

hé tā yì qǐ qù le hǎi biān

* 叫醒(jiào xǐng) (불러서) 깨다[깨우다]
* ~之后(zhī hòu) …후, …다음

이른 아침이 되자, 산티아고는 소년의 발을 만져

그를 깨운 뒤 그와 함께 바다에 갔다.

* 81쪽 빈칸 정답

把, 叫 醒 后

bǎ, jiào xǐng hòu

一大早，圣地亚哥 ______________________，
Yí dà zǎo Shèng dì yà gē

把他叫醒后和他一起去了海边。
bǎ tā jiào xǐng hòu hé tā yì qǐ qù le hǎi biān

이른 아침이 되자, 산티아고는 소년의 발을 부드럽게 만져 그를 깨운 뒤 그와 함께 바다에 갔다.

* 83쪽 빈칸 정답

抚 摸 男孩儿 的 脚
fǔ mō nán háir de jiǎo

一大早，圣地亚哥 __________ 抚摸男孩儿
Yí dà zǎo Shèng dì yà gē fǔ mō nán háir

的脚，把他叫醒后和他一起去了海边。
de jiǎo bǎ tā jiào xǐng hòu hé tā yì qǐ qù le hǎi biān

이른 아침이 되자, 산티아고는 소년의 발을 부드럽게 만져 그를 깨운 뒤 그와 함께 바다에 갔다.

* 85쪽 빈칸 정답

轻轻 地
qīng qīng de

一大早，圣地亚哥轻轻地抚摸男孩儿的
Yí dà zǎo Shèng dì yà gē qīng qīng de fǔ mō nán háir de

脚，把他叫醒后和他一起去了海边。
jiǎo bǎ tā jiào xǐng hòu hé tā yì qǐ qù le hǎi biān

산티아고는 그의 배에 홀로 올라탔다.

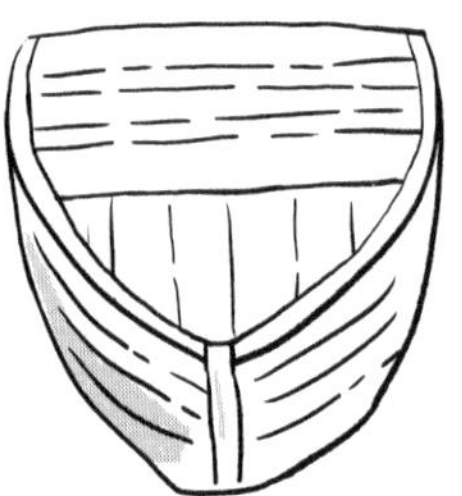

圣地亚哥独自 ________ 自己的船。

Shèng dì yà gē dú zì ________ zì jǐ de chuán

산티아고는 커피를 마신 후 그의 배에 홀로 올라탔다.

* 89쪽 빈칸 정답

上 了
shàng le

圣地亚哥 ________ 杯 ____________ 独自上
Shèng dì yà gē bēi dú zì shàng

了自己的船。
le zì jǐ de chuán

산티아고는 커피 두 잔을 마신 후 그의 배에 홀로 올라탔다.

* 91쪽 빈칸 정답

喝, 咖 啡 后
hē, kā fēi hòu

圣地亚哥喝了______咖啡后独自上了
Shèng dì yà gē hē le kā fēi hòu dú zì shàng le

自己的船。
zì jǐ de chuán

산티아고는 소년이 그에게 가져다 준 커피 두 잔을

마신 후 그의 배에 홀로 올라탔다.

* 93쪽 빈칸 정답

两 杯
liǎng bēi

圣地亚哥喝了 ________________
Shèng dì yà gē hē le

两杯咖啡，然后独自上了自己的船。
liǎng bēi kā fēi rán hòu dú zì shàng le zì jǐ de chuán

산티아고는 소년이 그에게 가져다 준 커피 두 잔을 아침 대신 마신 후 그의 배에 홀로 올라탔다.

* 95쪽 빈칸 정답

男孩儿 给 他 的
nán háir gěi tā de

圣地亚哥 喝 了 男孩儿 给 他的 两杯 咖啡
Shèng dì yà gē hē le nán háir gěi tā de liǎng bēi kā fēi

______________, 然后 独自 上 了 自己 的
rán hòu dú zì shàng le zì jǐ de

船。
chuán

산티아고는 소년이 그에게 가져다 준 커피 두 잔을 아침 대신 마신 후 그의 배에 홀로 올라탔다.

* 97쪽 빈칸 정답

代 替 早 饭
dài tì zǎo fàn

圣地亚哥 喝 了 男孩儿 给 他的 两杯 咖啡
Shèng dì yà gē hē le nán háir gěi tā de liǎng bēi kā fēi

代替 早饭，然后 独自 上 了 自己 的 船。
dài tì zǎo fàn rán hòu dú zì shàng le zì jǐ de chuán

圣地亚哥 把 两只 小鱼 挂 在 鱼钩 上，然后
Shèng dì yà gē bǎ liǎng zhī xiǎo yú guà zài yú gōu shàng rán hòu

把 鱼竿 抛 出去，开始 垂钓。
bǎ yú gān pāo chū qù kāi shǐ chuí diào

海水 在 早晨 阳光 的 照射 下 闪闪 发亮。
Hǎi shuǐ zài zǎo chén yáng guāng de zhào shè xià shǎn shǎn fā liàng

---

산티아고는 물고기 두 마리를 낚싯바늘에 엮고는 물 밑으로 내렸다.

바다는 아침 햇살을 맞아 빛나고 있었다.

"尽管到目前为止，我很倒霉，
Jǐn guǎn dào mù qián wéi zhǐ wǒ hěn dǎo méi

可是谁知道今天会发生什么
kě shì shéi zhī dào jīn tiān huì fā shēng shénme

事？我能做的是把我自己的活儿干
shì Wǒ néng zuò de shì bǎ wǒ zì jǐ de huór gàn

好。"
hǎo

他自说自话。
tā zì shuō zì huà

"지금까지 나는 운이 없었어. 그러나 오늘 무슨 일이 일어날지 누가 알아? 나는 그저 내 일을 제대로 하겠어." 그는 말했다.

산티아고는 천천히 항해했다.

圣地亚哥 ____________________。
Shèng dì yà gē

* 慢慢(màn màn) 천천히

산티아고는 잔잔한 바다 위에서 천천히 항해했다.

* 103쪽 빈칸 정답

慢慢 划 着 船

màn màn huá zhe chuán

圣地亚哥 慢慢 ________
Shèng dì yà gē màn màn

____ 划着 船。
huá zhe chuán

산티아고는 새들을 바라보면서 잔잔한 바다 위에서 천천히 항해했다.

* 105쪽 빈칸 정답

在 平 静 的 海 面上

zài píng jìng de hǎimiàn shàng

圣地亚哥 慢慢 在 平静的 海面 上 划着 船，
Shèng dì yà gē màn màn zài píng jìng de hǎi miàn shàng huá zhe chuán

_______________。

산티아고는 먹이를 찾아 날아다니는 새들을

바라보면서 잔잔한 바다 위에서 천천히 항해했다.

* 107쪽 빈칸 정답

遥望着 鸟儿

yáo wàng zhe niǎor

圣地亚哥 慢慢 在 平静的 海面 上 划着 船，
Shèng dì yà gē màn màn zài píng jìng de hǎi miàn shàng huá zhe chuán

遥望 ______________________________
yáo wàng

__________ 鸟儿。
niǎor

산티아고는 먹이를 찾아 날아다니는 새들을

바라보면서 잔잔한 바다 위에서 천천히 항해했다.

* 109쪽 빈칸 정답

飞翔在空中寻找食物的

fēi xiáng zài kōngzhōng xún zhǎo shí wù de

圣地亚哥慢慢在平静的海面上划着船，
Shèng dì yà gē màn màn zài píng jìng de hǎi miàn shàng huá zhe chuán

遥望飞翔在空中寻找食物的鸟儿。
yáo wàng fēi xiáng zài kōng zhōng xún zhǎo shí wù de niǎor

그러다 정오 무렵,

到了 ______，
Dào le

그러다 정오 무렵, 그는 ~를 느꼈다.

* 113쪽 빈칸 정답

中 午
zhōng wǔ

到了 中午, ____________________

Dào le zhōng wǔ

* 什么(shénme) 무엇

* 东西(dōng xi) 물건, 추상적인 것

그러다 정오 무렵, 그는 무언가가 낚싯줄을

건드리는 것을 느꼈다.

* 115쪽 빈칸 정답

他感觉到
tā gǎn jué dào

到了 中午, 他 感觉 到 有 什么 东西 在 ____
Dào le zhōng wǔ tā gǎn jué dào yǒu shénme dōng xi zài

____________。

* 有什么东西(yǒu shénme dōng xi) 무언가
* 扯动钓线(chědòng diàoxiàn) 낚싯줄을 건드리다

그러다 정오 무렵, 그는 강한 힘을 가진 무언가가 낚싯줄을 건드리는 것을 느꼈다.

* 117쪽 빈칸 정답

扯 动 钓 线

chě dòng diào xiàn

到了中午，他感觉到一股＿＿＿＿＿＿＿＿

Dào le zhōng wǔ tā gǎn jué dào yì gǔ

在扯动钓线。

zài chě dòng diào xiàn

그러다 정오 무렵, 그는 믿을 수 없이 강한 힘을 가진 무언가가 낚싯줄을 건드리는 것을 느꼈다.

* 119쪽 빈칸 정답

力量
lì liang

到了 中午，他 感觉 到 一股 ____________________
Dào le zhōng wǔ tā gǎn jué dào yì gǔ

____ 力量 在 扯动 钓线。
lì liang zài chě dòng diào xiàn

그러다 정오 무렵, 그는 믿을 수 없이 강한 힘을 가진 무언가가 낚싯줄을 건드리는 것을 손가락으로 느꼈다.

* 121쪽 빈칸 정답

不 可 思 议 的
bù kě sī yì de

到了中午,他感觉到 ____________________

Dào le zhōng wǔ tā gǎn jué dào

____ 传来的一股不可思议的力量在扯动

chuán lái de yì gǔ bù kě sī yì de lì liang zài chě dòng

钓线。

diào xiàn

그러다 정오 무렵, 그는 믿을 수 없이 강한 힘을 가진 무언가가 낚싯줄을 건드리는 것을 손가락으로 느꼈다.

* 123쪽 빈칸 정답

从 手指 尖 里

cóng shǒu zhǐ jiān li

到了中午，他感觉到从手指尖里传来的
Dào le zhōng wǔ tā gǎn jué dào cóng shǒu zhǐ jiān li chuán lái de

一股不可思议的力量在扯动钓线。
yì gǔ bù kě sī yì de lì liang zài chě dòng diào xiàn

“太厉害了。我一辈子都没钓到过力气
Tài lì hai le Wǒ yí bèi zi dōu méi diào dào guo lì qi

这么大的鱼。”
zhè me dà de yú

这条鱼慢慢地游着，拉着他的船。
Zhè tiáo yú màn màn de yóu zhe lā zhe tā de chuán

圣地亚哥想知道那条鱼有多大。
Shèng dì yà gē xiǎng zhīdào nà tiáo yú yǒu duō dà

“엄청나구먼. 난 평생 이렇게 힘 센 고기는 잡아 본 적이 없어.”

물고기는 배를 천천히 끌고 헤엄치고 있었다. 산티아고는 그것이 얼마나 큰지 알고 싶었다.

但是 鱼 在 海底 深处，他 看 不见。
Dàn shì yú zài hǎi dǐ shēn chù tā kàn bu jiàn

尽管 圣地亚哥 使劲儿 要 把 它
Jǐn guǎn Shèng dì yà gē shǐ jìnr yào bǎ tā

拉到 船边，可是 鱼 不停 地 往前 游 去。
lā dào chuán biān kě shì yú bù tíng de wǎng qián yóu qù

그러나 물고기는 바다 깊은 곳에 있었기 때문에, 그는 그 모습을 볼 수 없었다.
산티아고가 그를 배 쪽으로 당기려고 애를 썼음에도 불구하고, 물고기는 계속해서 앞으로 나아갔다.

산티아고는 추워지기 시작했다.

圣地亚哥 ______________。
Shèng dì yà gē

땀이 젖었던 등이 마르면서 산티아고는 추워지기

시작했다.

* 129쪽 빈칸 정답

感到 发冷

gǎn dào fā lěng

____

______, 他 感到 发冷。
tā gǎn dào fā lěng

* 汗(hàn), 水(shuǐ) 땀

해질녘에 땀이 젖었던 등이 마르면서 산티아고는 추워지기 시작했다.

* 131쪽 빈칸 정답

随 着 脊 背 上 的 汗 渐渐 变 干

suí zhe jǐ bèi shang de hàn jiàn jiàn biàn gān

________，随着 脊背 上 的 汗 渐渐 变
suí zhe jǐ bèi shang de hàn jiàn jiàn biàn

干，他 感到 发冷。
gān tā gǎn dào fā lěng

해질녘에 땀이 젖었던 등이 마르면서 산티아고는 추워지기 시작했다.

* 133쪽 빈칸 정답

太阳落下
Tài yáng luò xià

太阳 落下，随着 脊背 上 的 汗 渐渐 变 干，他
Tài yáng luò xià suí zhe jǐ bèi shang de hàn jiàn jiàn biàn gān tā

感到 发冷。
gǎn dào fā lěng

圣地亚哥 回想 起 了 以前 钓鱼 的 事。
Shèng dì yà gē huí xiǎng qǐ le yǐ qián diào yú de shì

有一次，他 钓到 了 一对 雌鱼 和 雄鱼。
Yǒu yí cì tā diào dào le yí duì cí yú hé xióng yú

산티아고는 고기잡이에 대한 오래된 기억을 떠올렸다.

언젠가 그는 한 쌍의 물고기를 잡은 적이 있었다.

我们 钓到 雌鱼 后 把 它 杀掉 了。
Wǒmen diào dào cí yú hòu bǎ tā shā diào le

然后，雄鱼 悲痛 地 高高 跳到 了
Rán hòu xióng yú bēi tòng de gāo gāo tiào dào le

空中。那 是 一条 圣地亚哥 从来 没见 过 的
kōng zhōng Nà shì yì tiáo Shèng dì yà gē cóng lái méi jiàn guò de

最 美丽 的 鱼。
zuì měi lì de yú

“우리는 암컷을 잡아 죽였었지. 그랬더니 수컷은 크게 슬퍼하며 하늘 높이 뛰어올랐어.”
그것은 산티아고가 본 것 중 가장 아름다운 물고기였다.

산티아고는 낚싯줄을 정말 열심히 잡아당겼다.

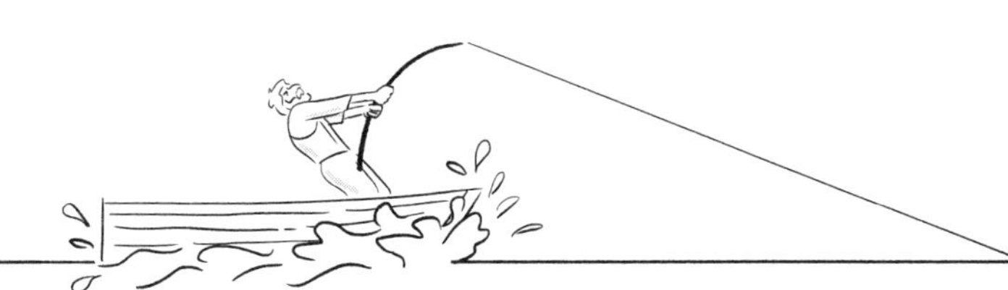

圣地亚哥 ________ 拉着 钓线。

Shèng dì yà gē lā zhe diào xiàn

산티아고는 한 번도 쉬지 않고 낚싯줄을 정말 열심히 잡아당겼다.

* 139쪽 빈칸 정답

紧紧 地
jǐn jǐn de

圣地亚哥紧紧地拉着钓线______________
Shèng dì yà gē jǐn jǐn de lā zhe diào xiàn

_____。

산티아고는 밤 동안 한 번도 쉬지 않고 낚싯줄을

정말 열심히 잡아당겼다.

---

* 141쪽 빈칸 정답

没 有 休 息
méi yǒu xiū xi

圣地亚哥 紧紧 地 拉着 钓线 ___________________
Shèng dì yà gē jǐn jǐn de lā zhe diào xiàn

_____ 都 没有 休息。
dōu méi yǒu xiū xi

산티아고는 그 물고기를 지치게 하기 위해 밤 동안
한 번도 쉬지 않고 낚싯줄을 정말 열심히
잡아당겼다.

* 143쪽 빈칸 정답

一 整 夜
yì zhěng yè

圣地亚哥紧紧地拉着钓线一整夜都没有
Shèng dì yà gē jǐn jǐn de lā zhe diào xiàn yì zhěng yè dōu méi yǒu

休息，________________________________
xiū xi

________________________。

산티아고는 그 강력한 물고기를 지치게 하기 위해 밤 동안 한 번도 쉬지 않고 낚싯줄을 정말 열심히 잡아당겼다.

* 145쪽 빈칸 정답

只为了把那条鱼的力气耗尽
zhǐ wèi le bǎ nà tiáo yú de lì qi hào jìn

圣地亚哥 紧紧 地 拉着 钓线 一整夜 都 没有
Shèng dì yà gē jǐn jǐn de lā zhe diào xiàn yì zhěng yè dōu méi yǒu

休息，只 为了 把 那条 ____________ 鱼 的
xiū xi zhǐ wèi le bǎ nà tiáo yú de

力气 耗尽。
lì qi hào jìn

산티아고는 그 강력한 물고기를 지치게 하기 위해 밤 동안 한 번도 쉬지 않고 낚싯줄을 정말 열심히 잡아당겼다.

* 147쪽 빈칸 정답

强 大 的
qiáng dà de

圣地亚哥 紧紧 地 拉着 钓线 一整夜 都 没有
Shèng dì yà gē jǐn jǐn de lā zhe diào xiàn yì zhěng yè dōu méi yǒu

休息，只 为了 把 那条 强大 的 鱼 的 力气
xiū xi zhǐ wèi le bǎ nà tiáo qiáng dà de yú de lì qi

耗尽。
hào jìn

그러던 중에, 산티아고는 소리를 들었다.

就在这时候，＿＿＿＿＿＿＿＿＿＿＿＿＿＿＿。
Jiù zài zhè shí hou

그러던 중에, 산티아고는 낚시찌 소리를 들었다.

* 151쪽 빈칸 정답

圣 地 亚 哥 听见 了 声 响
Shèng dì yà gē tīng jiàn le shēng xiǎng

就在这时候，圣地亚哥听见了 ______ 的
Jiù zài zhè shí hou Shèng dì yà gē tīng jiàn le de

声响。
shēng xiǎng

* 鱼漂(yú piāo) 찌

그러던 중에, 산티아고는 낚시찌가 부러지는

소리를 들었다.

* 153쪽 빈칸 정답

鱼 漂

yú piāo

就在这时候,圣地亚哥听见了 ____________

Jiù zài zhè shí hou Shèng dì yà gē tīng jiàn le

____________________ 声响。

shēng xiǎng

그러던 중에, 산티아고는 뒤에서 낚시찌가 부러지는 소리를 들었다.

* 155쪽 빈칸 정답

鱼 漂 被 折 断 的

yú piāo bèi zhé duàn de

就在这时候，圣地亚哥听见了 ________

Jiù zài zhè shí hou Shèng dì yà gē tīng jiàn le

鱼漂被折断的声响。

yú piāo bèi zhé duàn de shēng xiǎng

* 后面(hòu miàn) 뒤

그러던 중에, 산티아고는 배 뒤에서 낚시찌가 부러지는 소리를 들었다.

* 157쪽 빈칸 정답

后 面
hòumiàn

就在这时候，圣地亚哥听见了____后面
Jiù zài zhè shí hou Shèng dì yà gē tīng jiàn le hòu miàn

传来鱼漂被折断的声响。
chuán lái yú piāo bèi zhé duàn de shēng xiǎng

그러던 중에, 산티아고는 새로운 물고기 때문에

배 뒤에서 낚시찌가 부러지는 소리를 들었다.

* 159쪽 빈칸 정답

船
chuán

就在这时候，圣地亚哥听见了船后面
Jiù zài zhè shí hou Shèng dì yà gē tīng jiàn le chuán hòu miàn

传来鱼漂 ________________________________
chuán lái yú piāo

____ 折断的声响。
zhé duàn de shēng xiǎng

그러던 중에, 산티아고는 새로운 물고기 때문에 배 뒤에서 낚시찌가 부러지는 소리를 들었다.

* 161쪽 빈칸 정답

被 刚 才 捕获 的 大鱼
bèi gang cái bǔhuò de dà yú

就在这时候，圣地亚哥听见了船后面
Jiù zài zhè shí hou Shèng dì yà gē tīng jiàn le chuán hòu miàn

传来鱼漂被刚才捕获的大鱼折断的
chuán lái yú piāo bèi gang cái bǔhuò de dà yú zhé duàn de

声响。
shēng xiǎng

그는 한 손으로 줄을 묶었다.

他 ________________ 紧紧地绑上绳子。
Tā ________________ jǐn jǐn de bǎng shàng shéng zi

그는 어둠 속에서 한 손으로 줄을 묶었다.

* 165쪽 빈칸 정답

用 一 只 手

yòng yì zhī shǒu

__________________________，他用一只手
tā yòng yì zhī shǒu

紧紧地绑上绳子。
jǐn jǐn de bǎng shàng shéng zi

그는 그 새로운 물고기가 달아나는 걸 막기 위해

어둠 속에서 한 손으로 줄을 묶었다.

* 167쪽 빈칸 정답

在 漆 黑 的 夜 晚
Zài qī hēi de yè wǎn

在漆黑的夜晚，____________________
Zài qī hēi de yè wǎn

____________________，他用一只手
tā yòng yì zhī shǒu

紧紧地绑上绳子。
jǐn jǐn de bǎng shàng shéng zi

그는 그 새로운 물고기가 달아나는 걸 막기 위해

어둠 속에서 한 손으로 줄을 묶었다.

* 169쪽 빈칸 정답

为了不让新捕获的鱼逃跑

wèi le bú ràng xīn bǔ huò de yú táo pǎo

在 漆黑 的 夜晚，为了 不让 新 捕获 的 鱼
Zài qī hēi de yè wǎn wèi le bú ràng xīn bǔ huò de yú

逃跑，他 用 一只 手 紧紧 地 绑 上 绳子。
táo pǎo tā yòng yì zhī shǒu jǐn jǐn de bǎng shàng shéng zi

"소년이 나와 함께 있다면 좋을 텐데!"

"如果 有 男孩儿 ______________________
Rú guǒ yǒu nán háir

____, 该 多好 啊!"
gāi duō hǎo a

* 跟 ~ 在 一起(gēn ~ zài yì qǐ) ~와 함께 있다

"나를 도와줄 소년이 나와 함께 있다면 좋을 텐데!"

* 173쪽 빈칸 정답

跟 我 在 一起
gēn wǒ zài yìqǐ

“如果 有 男孩儿 ________, 该 多好 啊!”
Rú guǒ yǒu nán háir gāi duō hǎo a

"내가 이 고된 일들을 하는 것을 도와줄 소년이

나와 함께 있다면 좋을 텐데!"

* 175쪽 빈칸 정답

帮 我

bāng wǒ

“如果有男孩儿帮我____________________

Rú guǒ yǒu nán háir bāng wǒ

____________，该多好啊！”

gāi duō hǎo a

"내가 이 고된 일들을 하는 것을 도와줄 소년이 이 배에 나와 함께 있다면 좋을 텐데!"

* 177쪽 빈칸 정답

干 这 辛 苦 的 活儿
gàn zhè xīn kǔ de huór

“如果有男孩儿______帮我干
Rú guǒ yǒu nán háir bāng wǒ gàn

这辛苦的活儿，该多好啊！”
zhè xīn kǔ de huór gāi duō hǎo a

“내가 이 고된 일들을 하는 것을 도와줄 소년이 바로 지금 이 배에 나와 함께 있다면 좋을 텐데!”

* 179쪽 빈칸 정답

在 这 船 上
zài zhè chuán shàng

"如果 ________ 有男孩儿在这船上帮我干
Rú guǒ yǒu nán háir zài zhè chuán shàng bāng wǒ gàn

这辛苦的活儿，该多好啊!"
zhè xīn kǔ de huór gāi duō hǎo a

"내가 이 고된 일들을 하는 것을 도와줄 소년이

바로 지금 이 배에 나와 함께 있다면 좋을 텐데!"

* 181쪽 빈칸 정답

现在

xiàn zài

"如果现在有男孩儿在这船上帮我干这
Rú guǒ xiàn zài yǒu nán háir zài zhè chuán shàng bāng wǒ gàn zhè

辛苦的活儿，该多好啊!"
xīn kǔ de huór gāi duō hǎo a

小船在大海浪的冲击下，不停地摇晃着。
Xiǎo chuán zài dà hǎi làng de chōng jī xià bù tíng de yáo huàng zhe

圣地亚哥的眼睛和手都流血了。
Shèng dì yà gē de yǎn jing hé shǒu dōu liú xiě le

배는 커다란 파도를 맞아 흔들렸다.

산티아고의 눈과 손에서는 피가 흐르고 있었다.

那条鱼继续朝着北方游去。
Nà tiáo yú jìxù cháo zhe běifāng yóu qù

圣地亚哥越来越累了。
Shèng dì yà gē yuè lái yuè lèi le

물고기는 계속해서 북쪽으로 헤엄쳐 갔다.

산티아고는 지치기 시작했다.

산티아고는 두 번째 해를 바라보았다.

圣地亚哥 望着 ______________________________。
Shèng dì yà gē wàng zhe

산티아고는 바다 위로 떠오르는 두 번째 해를 바라보았다.

* 187쪽 빈칸 정답

第 二 天 的 太 阳 升 起来

dì èr tiān de tài yángshēng qǐlái

圣地亚哥 望着 第 二天 的 太阳 ______________________
Shèng dì yà gē wàng zhe dì èr tiān de tài yáng

______________________。

산티아고는 한숨도 자지 못한 채로 바다 위로

떠오르는 두 번째 해를 바라보았다.

* 189쪽 빈칸 정답

从 海 面 上 升 起 来

cóng hǎi miàn shàng shēng qǐ lái

圣地亚哥 ____________________，
Shèng dì yà gē

望着 第 二天 的 太阳 从 海面 上 升 起来。
wàng zhe dì èr tiān de tài yáng cóng hǎi miàn shàng shēng qǐ lái

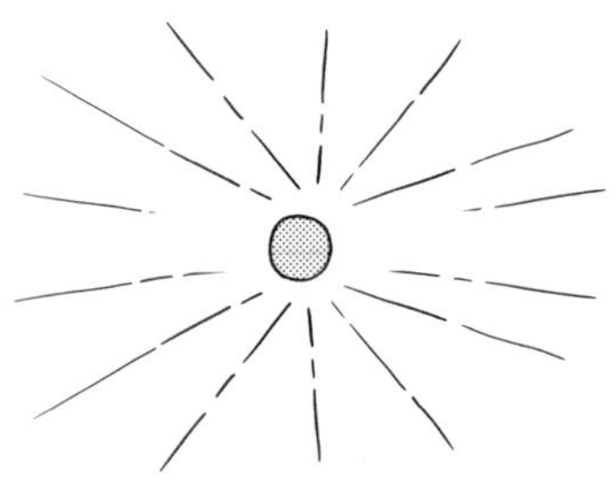

산티아고는 한숨도 자지 못한 채로 바다 위로 떠오르는 두 번째 해를 바라보았다.

* 191쪽 빈칸 정답

一夜没合上眼睛
yí yè méi hé shàng yǎn jing

圣地亚哥一夜没合上眼睛，望着第二天的太阳从海面上升起来。

Shèng dì yà gē yí yè méi hé shàng yǎn jing wàng zhe dì èr tiān de tài yáng cóng hǎi miàn shàng shēng qǐ lái

산티아고는 낚싯줄을 당길 수 없었다.

圣地亚哥 不敢 ______________。
Shèng dì yà gē bù gǎn

* 钓线(diàoxiàn) 낚싯줄

산티아고는 낚싯줄을 세게 당길 수 없었다.

* 195쪽 빈칸 정답

拽 钓线

zhuài diào xiàn

圣地亚哥 不敢 ____________ 拽 钓线。
Shèng dì yà gē bù gǎn zhuài diào xiàn

산티아고는 두려움에 낚싯줄을 세게 당길 수

없었다.

* 197쪽 빈칸 정답

使 劲儿

shǐ jìnr

圣地亚哥 ________ 钓线 被 拉断，不敢 使劲儿
Shèng dì yà gē diào xiàn bèi lā duàn bù gǎn shǐ jìnr

拽 它。
zhuài tā

산티아고는 그것이 끊어질까 하는 두려움에

낚싯줄을 세게 당길 수 없었다.

* 199쪽 빈칸 정답

担 心
dān xīn

圣地亚哥 担心 ______________，不敢
Shèng dì yà gē dān xīn bù gǎn

使劲儿 拽 它。
shǐ jìnr zhuài tā

물고기가 올라왔음에도 불구하고, 산티아고는 낚싯줄이 끊어질까 하는 두려움에 그것을 세게 당길 수 없었다.

* 201쪽 빈칸 정답

钓 线 被 拉 断

diào xiàn bèi lā duàn

______________________________, 可是
kě shì

圣地亚哥 担心 钓线 被 拉断, 不敢 使劲儿 拽
Shèng dì yà gē dān xīn diào xiàn bèi lā duàn bù gǎn shǐ jìnr zhuài

它。
tā

* 浮上来(fú shàng lái) 떠오르다

물고기가 수면 가까이 올라왔음에도 불구하고,

산티아고는 낚싯줄이 끊어질까 하는 두려움에

그것을 세게 당길 수 없었다.

* 203쪽 빈칸 정답

尽管 那条 大鱼 浮 上来
jǐnguǎn nàtiáo dàyú fú shànglái

尽管那条大鱼浮到______________，可是
Jǐn guǎn nà tiáo dà yú fú dào kě shì
圣地亚哥担心钓线被拉断，不敢使劲儿拽
Shèng dì yà gē dān xīn diào xiàn bèi lā duàn bù gǎn shǐ jìnr zhuài
它。
tā

물고기가 수면 가까이 올라왔음에도 불구하고, 산티아고는 낚싯줄이 끊어질까 하는 두려움에 그것을 세게 당길 수 없었다.

* 205쪽 빈칸 정답

水面 近 处

shuǐ miàn jìn chù

尽管 那条 大鱼 浮到 水面 近处，可是
Jǐn guǎn nà tiáo dà yú fú dào shuǐ miàn jìn chù kě shì

圣地亚哥 担心 钓线 被 拉断 不敢 使劲儿 拽
Shèng dì yà gē dān xīn diào xiàn bèi lā duàn bù gǎn shǐ jìnr zhuài

它。
tā

这时候，一只 小鸟 从 北方 飞来。
Zhè shí hou yì zhī xiǎo niǎo cóng běi fāng fēi lái

它 看 起来 非常 虚弱。
Tā kàn qǐ lái fēi cháng xū ruò

그때 북쪽에서 작은 새 한 마리가 날아왔다.

그 새는 매우 약해 보였다.

“好好儿 歇着 吧，小鸟儿。
Hǎo hāor xiē zhe ba xiǎo niǎor

然后 回去 重新 挑战 你 的 生活。
Rán hòu huí qù chóng xīn tiǎo zhàn nǐ de shēng huó

就像 所有 的 人，鱼，鸟 一样。”
Jiù xiàng suǒ yǒu de rén yú niǎo yí yàng

他 边说 边 让座 给 那只 鸟 休息。
Tā biān shuō biān ràng zuò gěi nà zhī niǎo xiū xi

“푹 쉬어라, 새야. 그리고 돌아가서 네 인생에 다시 도전해 봐. 사람이든 물고기든 새든 모두 그렇듯이.”

그는 새에게 앉을 자리를 내어주며 말했다.

불행하게도,

23

불행하게도, 그의 왼손은 ~할 수 없게 되었다.

* 211쪽 빈칸 정답

不 幸 的 是

Bú xìng de shì

不幸的是，他的左手 ________ 了。
Bú xìng de shì tā de zuǒ shǒu le

불행하게도, 그의 왼손은 움직일 수 없게 되었다.

* 213쪽 빈칸 정답

不能~

bù néng~

不幸的是,他的左手不能______了。
Bú xìng de shì tā de zuǒ shǒu bù néng le

불행하게도, 그가 낚싯줄을 쥐고 있었기 때문에

그의 왼손은 움직일 수 없게 되었다.

* 215쪽 빈칸 정답

动 弹
dòng tan

不幸的是，________________，他的
Bú xìng de shì tā de

左手不能动弹了。
zuǒ shǒu bù néng dòng tan le

* 因为(yīn wèi) …때문에. …에 의하여

불행하게도, 그가 너무 오랫동안 낚싯줄을 쥐고 있었기 때문에 그의 왼손은 움직일 수 없게 되었다.

* 217쪽 빈칸 정답

因为握钓线

yīn wèi wò diào xiàn

不幸的是，因为握钓线的________________
Bú xìng de shì yīn wèi wò diào xiàn de

____了，他的左手不能动弹了。
le tā de zuǒ shǒu bù néng dòng tan le

불행하게도, 그가 너무 오랫동안 낚싯줄을 쥐고 있었기 때문에 그의 왼손은 움직일 수 없게 되었다.

* 219쪽 빈칸 정답

时 间 太 长
shí jiān tài cháng

不幸的是，因为握钓线的时间太长了，他
Bú xìng de shì yīn wèi wò diào xiàn de shí jiān tài cháng le tā

的左手不能动弹了。
de zuǒ shǒu bù néng dòng tan le

그는 작은 물고기를 먹었다.

他 ____________ 都吃掉了。
Tā dōu chī diào le

* 把(bǎ) ~을(를)

그는 그가 잡은 작은 물고기를 먹었다.

* 223쪽 빈칸 정답

把 小 鱼
bǎ xiǎo yú

他把 ______________ 小鱼都吃掉了。
Tā bǎ xiǎo yú dōu chī diào le

그는 지난 밤에 잡은 작은 물고기를 먹었다.

* 225쪽 빈칸 정답

钓 到 的

diào dào de

他把______钓到的小鱼都吃掉了。

Tā bǎ ______ diào dào de xiǎo yú dōu chī diào le

그는 지난 밤에 잡은 작은 물고기를 조금의 소금도 없이 먹었다.

* 227쪽 빈칸 정답

昨 晚
zuó wǎn

他 ______________________ 就把昨晚
Tā jiù bǎ zuó wǎn

钓到的小鱼都吃掉了。
diào dào de xiǎo yú dōu chī diào le

* 一点儿(yì diǎnr) 조금

* 就(jiù) 동작·행위·성질·상태 따위를 강조함

그는 힘을 내기 위해 지난 밤에 잡은 작은 물고기를

조금의 소금도 없이 먹었다.

* 229쪽 빈칸 정답

没 放 一 点儿 盐

méi fàng yì diǎnr yán

他 ________________，没放一点儿盐
Tā méi fàng yì diǎnr yán

就把昨晚钓到的小鱼都吃掉了。
jiù bǎ zuó wǎn diào dào de xiǎo yú dōu chī diào le

그는 힘을 내기 위해 지난 밤에 잡은 작은 물고기를 조금의 소금도 없이 먹었다.

* 231쪽 빈칸 정답

为了长力气

wèi le zhǎng lì qi

他为了长力气，没放一点儿盐就把昨晚
Tā wèi le zhǎng lì qi méi fàng yì diǎnr yán jiù bǎ zuó wǎn

钓到的小鱼都吃掉了。
diào dào de xiǎo yú dōu chī diào le

就在此刻，鱼跃出了水面。
Jiù zài cǐ kè yú yuè chū le shuǐ miàn

它的嘴巴像棒球棍，又长又尖。
Tā de zuǐ ba xiàng bang qiú gùn yòu cháng yòu jiān

그때, 물고기가 수면으로 떠올랐다.

그것은 야구방망이처럼 길고 뾰족한 입을 가지고 있었다.

* 又……又(yòu…… yòu) (…하면서) 한편[또한, 동시에] (…하다)

"我一定要捕获这片海里最伟大的鱼。他坚定地说。"

Wǒ yí dìng yào bǔ huò zhè piàn hǎi lǐ zuì wěi dà de yú. Tā jiān dìng de shuō

"나는 이 바다에서 제일 위대한 저 물고기를 잡고 말겠어."
그는 단호하게 말했다.

“다행이야.”

“真是________呢。”

Zhēn shì ne

"우리가 물고기만 잡아야 하는 것은 **다행이야.**"

* 237쪽 빈칸 정답

幸 运
xìng yùn

“______________________真是幸运呢。”
zhēn shì xìng yùn ne

"태양이나 달은 달아나 버릴 것이기 때문에,

우리가 물고기만 잡아야 하는 것은 다행이야."

* 239쪽 빈칸 정답

我们 只 捕 鱼

wǒmen zhǐ bǔ yú

“而我们只捕鱼真是幸运呢，______________

Ér wǒmen zhǐ bǔ yú zhēn shì xìngyùn ne

____。”

"태양이나 달은 영원히 달아나 버릴 것이기 때문에,
우리가 물고기만 잡아야 하는 것은 다행이야."

* 241쪽 빈칸 정답

因 为 太 阳 和 月 亮 就 会 跑 掉
yīn wèi tài yáng hé yuè liàng jiù huì pǎo diào

"而我们只捕鱼真是幸运呢，因为太阳和
Ér wǒmen zhǐ bǔ yú zhēn shì xìng yùn ne yīn wèi tài yáng hé

月亮就会______跑掉。"
yuè liang jiù huì pǎo diào

"태양이나 달은 누군가가 쫓아오면 영원히 달아나 버릴 것이기 때문에, 우리가 물고기만 잡아야 하는 것은 다행이야."

* 243쪽 빈칸 정답
永 远
yǒng yuǎn

“而我们只捕鱼真是幸运呢，因为__________
Ér wǒmen zhǐ bǔ yú zhēn shì xìng yùn ne yīn wèi

__________________________太阳和月亮，它们
tài yáng hé yuè liang tāmen

就会永远跑掉。”
jiù huì yǒng yuǎn pǎo diào

"태양이나 달은 누군가가 쫓아오면 영원히 달아나 버릴 것이기 때문에, 우리가 물고기만 잡아야 하는 것은 다행이야."

* 245쪽 빈칸 정답

如 果 有 人 要 追 赶
rú guǒ yǒu rén yào zhuī gǎn

“而我们只捕鱼真是幸运呢，因为如果
Ér wǒmen zhǐ bǔ yú zhēn shì xìng yùn ne yīn wèi rú guǒ

有人要追赶太阳和月亮，它们就会永远
yǒu rén yào zhuī gǎn tài yáng hé yuè liang tāmen jiù huì yǒng yuǎn

跑掉。”
pǎo diào

바람은 부드럽게 불고 있었다.

海风 ______________ 吹来。
Hǎi fēng ______________ chuī lái

바람은 ~ 방향으로 부드럽게 불고 있었다.

* 249쪽 빈칸 정답

轻轻 地

qīng qīng de

海风 ____________________ 轻轻 地 吹来。
Hǎi fēng qīng qīng de chuī lái

* 朝着 ~ 方向(cháo zhe ~ fāng xiàng) ~ 방향으로

바람은 산티아고의 방향으로 부드럽게 불고

있었다.

* 251쪽 빈칸 정답

朝 着 ~ 方 向

cháo zhe ~ fāng xiàng

海风朝着________________方向轻轻地

Hǎi fēng cháo zhe fāng xiàng qīng qīng de

吹来。

chuī lái

바람은 산티아고가 낚싯줄을 당기는 방향으로

부드럽게 불고 있었다.

* 253쪽 빈칸 정답

圣 地 亚 哥 的
Shèng dì yà gē de

海风 朝着 圣地亚哥 ____________________ 方向
Hǎi fēng cháo zhe Shèng dì yà gē fāng xiàng

轻轻 地 吹来。
qīng qīng de chuī lái

바람은 산티아고가 낚싯줄을 당기는 방향으로

부드럽게 불고 있었다.

* 255쪽 빈칸 정답

拽 钓 线 的

zhuài diào xiàn de

海风朝着圣地亚哥拽钓线的方向轻轻地
Hǎi fēng cháo zhe Shèng dì yà gē zhuài diào xiàn de fāng xiàng qīng qīng de

吹来。
chuī lái

事实上, 圣地亚哥 曾经 被 称为 胜利者。
Shì shí shàng Shèng dì yà gē céng jīng bèi chēng wéi shèng lì zhě

有一次 圣地亚哥 和 一个 村里 最 健壮 的
Yǒu yí cì Shèng dì yà gē hé yí ge cūn lǐ zuì jiàn zhuàng de

男人 掰 手腕, 较量 了 一天 多 终于 赢了 他。
nán rén bāi shǒu wàn jiào liàng le yì tiān duō zhōng yú yíng le tā

사실, 산티아고는 한때 승리자라고 불렸다.

마을에서 가장 힘이 센 남자와 팔씨름掰手腕을 했을 때,

그는 하루가 넘게 겨룬 뒤 이겼었다.

可现在，他认为自己不过是比鱼还弱的老头儿。
Kě xiàn zài tā rèn wéi zì jǐ bú guò shì bǐ yú hái ruò de lǎo tóur

그러나 지금 그는 자신을 물고기 한 마리보다 약한 노인네라고 생각하고 있었다.

산티아고는 우연히 잡았다.

圣地亚哥 ______ 钓到 了。
Shèng dì yà gē diào dào le

* 碰巧(pèng qiǎo) 공교롭게, 운 좋게

산티아고는 작은 물고기를 우연히 잡았다.

* 261쪽 빈칸 정답

碰 巧

pèng qiǎo

圣地亚哥 碰巧 钓到 了 ________。
Shèng dì yà gē pèng qiǎo diào dào le

산티아고는 먹을 만한 작은 물고기를 우연히

잡았다.

* 263쪽 빈칸 정답

小 鱼
xiǎo yú

圣地亚哥 碰巧 钓到 了 一条 ________________
Shèng dì yà gē pèng qiǎo diào dào le yì tiáo

____小鱼。
xiǎo yú

산티아고는 먹을 만한 작은 물고기를 또 우연히 잡았다.

* 265쪽 빈칸 정답

可 以 吃 的
kě yǐ chī de

圣地亚哥 碰巧____钓到 了 一条 可以 吃 的
Shèng dì yà gē pèng qiǎo diào dào le yì tiáo kě yǐ chī de

小鱼。
xiǎo yú

두 번째 밤이 왔을 때, 산티아고는 먹을 만한 작은 물고기를 또 우연히 잡았다.

* 267쪽 빈칸 정답

又
yòu

________________，他碰巧又钓到了
tā pèng qiǎo yòu diào dào le

一条可以吃的小鱼。
yì tiáo kě yǐ chī de xiǎo yú

바다로 나온 뒤 두 번째 밤이 왔을 때, 산티아고는

먹을 만한 작은 물고기를 또 우연히 잡았다.

* 269쪽 빈칸 정답

第 二 天 晚 上

dì èr tiān wǎn shang

圣地亚哥 ____________________ 第二天晚上，
Shèng dì yà gē dì èr tiān wǎn shang

他碰巧又钓到了一条可以吃的小鱼。
tā pèng qiǎo yòu diào dào le yì tiáo kě yǐ chī de xiǎo yú

바다로 나온 뒤 두 번째 밤이 왔을 때, 산티아고는

먹을 만한 작은 물고기를 또 우연히 잡았다.

* 271쪽 빈칸 정답

出 海 后
chū hǎi hòu

圣地亚哥出海后第二天晚上，他碰巧又
Shèng dì yà gē chū hǎi hòu dì èr tiān wǎn shang tā pèng qiǎo yòu

钓到了一条可以吃的小鱼。
diào dào le yì tiáo kě yǐ chī de xiǎo yú

그는 그 물고기를 손질했다.

他 ________ 那条 鱼。
Tā nà tiáo yú

* 清理(qīng lǐ) 깨끗이 정리하다

그는 왼손만으로 그 물고기를 손질했다.

* 275쪽 빈칸 정답

清 理
qīng lǐ

他______________________来清理那条鱼。

Tā lái qīng lǐ nà tiáo yú

그는 어둠 속에서 왼손만으로 그 물고기를 손질했다.

* 277쪽 빈칸 정답

只 能 用 左 手

zhǐ néngyòng zuǒ shǒu

他 ____________________ 只能用左手来清理
Tā zhǐ néng yòng zuǒ shǒu lái qīng lǐ

那条鱼。
nà tiáo yú

낚싯줄을 잡아야 했기 때문에, 그는 어둠 속에서

왼손만으로 그 물고기를 손질했다.

* 279쪽 빈칸 정답

在 黑暗 中

zài hēi' àn zhōng

______________________，他在黑暗中
tā zài hēi'àn zhōng

只能用左手来清理那条鱼。
zhǐ néng yòng zuǒ shǒu lái qīng lǐ nà tiáo yú

* 因为(yīn wèi) …때문에, …에 의하여

* 要(yào) …할 것이다, …하려고 한다

오른손으로는 낚싯줄을 잡아야 했기 때문에, 그는 어둠 속에서 왼손만으로 그 물고기를 손질했다.

* 281쪽 빈칸 정답

因 为 要 抓 钓 线

Yīn wèi yào zhuā diào xiàn

因为要 ________ 抓钓线，他在黑暗中
Yīn wèi yào zhuā diào xiàn tā zài hēi' àn zhōng

只能用左手来清理那条鱼。
zhǐ néng yòng zuǒ shǒu lái qīng lǐ nà tiáo yú

오른손으로는 낚싯줄을 잡아야 했기 때문에, 그는

어둠 속에서 왼손만으로 그 물고기를 손질했다.

* 283쪽 빈칸 정답

用 右 手

yòng yòu shǒu

因为要用右手抓钓线，他在黑暗中只能
Yīn wèi yào yòng yòu shǒu zhuā diào xiàn tā zài hēi' àn zhōng zhǐ néng

用左手来清理那条鱼。
yòng zuǒ shǒu lái qīng lǐ nà tiáo yú

鱼 是 生的，闻 起来 很 恶心。
Yú shì shēng de wén qǐ lái hěn ě xin

但是 为了 不 倒下，圣地亚哥 闭上 眼睛
Dàn shì wèi le bù dǎo xià Shèng dì yà gē bì shang yǎn jing

把它 咽了 下去。
bǎ tā yān le xià qù

그 물고기는 날것이어서 역겨운 냄새가 났다.

그러나 산티아고는 쓰러지지 않기 위해 눈을 감고 그것을 먹었다.

圣地亚哥 决定 睡 上 一觉，
Shèng dì yà gē jué dìng shuì shàng yí jiào

他 闭上 了 眼睛，用 身体 压着 手。
tā bì shang le yǎn jing yòng shēn tǐ yā zhe shǒu

但 过了 一会，他 就 醒了，因为 钓线 快速
Dàn guò le yí huì tā jiù xǐng le yīn wèi diào xiàn kuài sù

地 滑了 出去，伤了 他 的 手。
de huá le chū qù shāng le tā de shǒu

산티아고는 잠을 자기로 결정하고 손을 몸으로 누른 채 눈을 감았다.

그러나 얼마 후, 그는 빠르게 풀리는 낚싯줄 때문에 손이 다쳐서 잠에서 깼다.

다시 아침이 되자,

32

___,

다시 아침이 되자, 물고기는 천천히 돌기 시작했다.

* 289쪽 빈칸 정답

天 又 亮 了

Tiān yòu liàng le

天又亮了，鱼 ______________ 了一圈。
Tiān yòu liàng le yú le yì quān

* 转(zhuàn) 돌다, 회전하다
* 慢(màn) 느리다
* 一圈(yì quān) 한 바퀴

다시 아침이 되자, 물고기는 배 주위로 천천히 돌기 시작했다.

* 291쪽 빈칸 정답

慢慢 地 转

màn màn de zhuàn

天又亮了，鱼 ______________ 慢慢地转了一圈。

Tiān yòu liàng le, yú ______________ màn màn de zhuàn le yì quān.

다시 아침이 되자, 물고기는 배 주위로 커다란 원을 그리며 천천히 돌기 시작했다.

* 293쪽 빈칸 정답

围 绕 着 船

wéi rào zhe chuán

天又亮了，鱼围绕着船慢慢地转了________
Tiān yòu liàng le yú wéi rào zhe chuán màn màn de zhuàn le

________。

다시 아침이 되자, 물고기는 배 주위로 커다란 원을 그리며 천천히 돌기 시작했다.

* 295쪽 빈칸 정답

一 大 圈
yí dà quān

天又亮了，鱼围绕着船慢慢地转了
Tiān yòu liàng le yú wéi rào zhe chuán màn màn de zhuàn le

一大圈。
yí dà quān

물고기가 위로 떠올랐을 때,

___ 鱼 ______________________,
yú

* 在~时候(zài ~shí hou) ~ 때
* 浮上来(fú shànglái) 떠오르다

물고기가 수면 위로 떠올랐을 때,

* 299쪽 빈칸 정답

在, 浮 上 来 的 时 候
Zài, fú shàng lái de shí hou

在鱼浮上______的时候，
Zài yú fú shàng ______ de shí hou

물고기가 수면 위로 떠올랐을 때, 산티아고는 그것을 알게 되었다.

* 301쪽 빈칸 정답

水 面
shuǐ miàn

在鱼浮上水面的时候，__________________

Zài yú fú shàng shuǐ miàn de shí hou

________。

물고기가 수면 위로 떠올랐을 때, 산티아고는 그것이 그의 배보다 더 커다랗다는 것을 알게 되었다.

* 303쪽 빈칸 정답

圣 地 亚 哥 发 现
Shèng dì yà gē fā xiàn

在鱼浮上水面的时候，圣地亚哥发现鱼
Zài yú fú shàng shuǐ miàn de shí hou Shèng dì yà gē fā xiàn yú

________________________________。

물고기가 수면 위로 떠올랐을 때, 산티아고는 그것이 그의 배보다 더 커다랗다는 것을 알게 되었다.

* 305쪽 빈칸 정답

比 他 的 船 还 大

bǐ tā de chuán hái dà

在鱼浮上水面的时候，圣地亚哥发现鱼
Zài yú fú shàng shuǐ miàn de shí hou Shèng dì yà gē fā xiàn yú

比他的船还大。
bǐ tā de chuán hái dà

그것은 보라색 줄무늬를 가지고 있었다.

它 有着 ________________。
Tā yǒu zhe

그것은 아름다운 보라색 줄무늬를 가지고 있었다.

* 309쪽 빈칸 정답

紫 色 条 纹
zǐ sè tiáo wén

它 有着 ____________ 紫色 条纹。
Tā yǒu zhe zǐ sè tiáo wén

그것은 믿을 수 없이 아름다운 보라색 줄무늬를

가지고 있었다.

* 311쪽 빈칸 정답

美 丽 的
měi lì de

它有着＿＿＿＿＿＿＿＿，非常美丽的紫色
Tā yǒu zhe fēi cháng měi lì de zǐ sè

条纹。
tiáo wén

그것은 빛나는, 믿을 수 없이 아름다운 보라색 줄무늬를 가지고 있었다.

* 313쪽 빈칸 정답

难 以 置 信
nán yǐ zhì xìn

它有着令人难以置信，非常美丽的紫色条纹，__________。

Tā yǒu zhe lìng rén nán yǐ zhì xìn fēi cháng měi lì de zǐ sè tiáo wén

그것은 햇빛 아래에서 빛나는, 믿을 수 없이

아름다운 보라색 줄무늬를 가지고 있었다.

* 315쪽 빈칸 정답

泛 着 光

fàn zheguāng

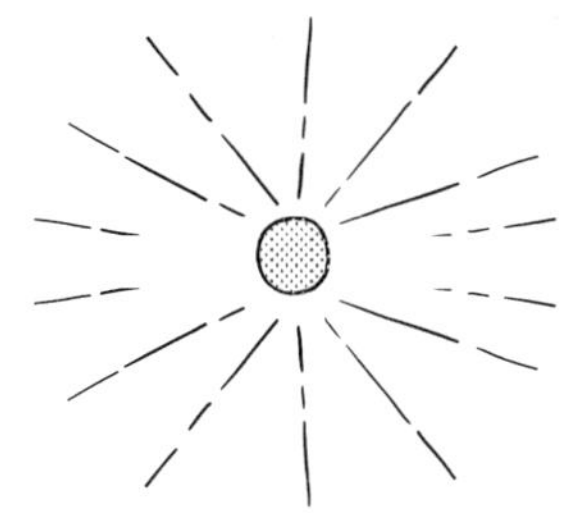

它 有着 令人 难以置信，非常 美丽 的 紫色
Tā yǒu zhe lìng rén nán yǐ zhì xìn fēi cháng měi lì de zǐ sè

条纹，________________ 泛着 光。
tiáo wén fàn zhe guāng

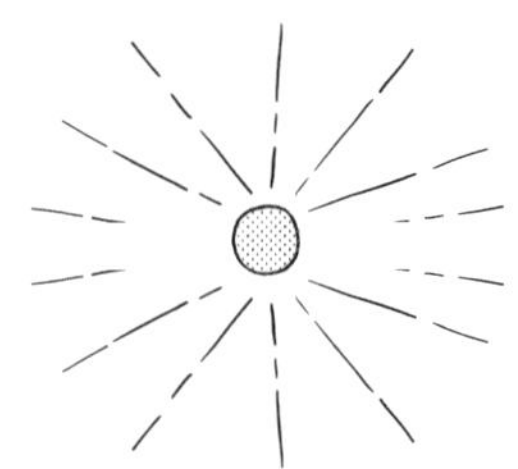

그것은 햇빛 아래에서 빛나는, 믿을 수 없이 아름다운 보라색 줄무늬를 가지고 있었다.

---

* 317쪽 빈칸 정답
在 阳 光 下
zài yáng guāng xià

它有着令人难以置信，非常美丽的紫色
Tā yǒu zhe lìng rén nán yǐ zhì xìn fēi cháng měi lì de zǐ sè

条纹，在阳光下泛着光。
tiáo wén zài yáng guāng xià fàn zhe guāng

圣地亚哥 等着 那条 鱼 慢 下来。
Shèng dì yà gē děng zhe nà tiáo yú màn xià lái

然后 他 竭尽全力 地 把 鱼 拉了 上来。
Rán hòu tā jié jìn quán lì de bǎ yú lā le shàng lái

산티아고는 물고기가 느려지기를 기다렸다.

그리고 그는 그의 모든 힘을 다해 물고기를 끌어당겼다.

他用锋利的鱼叉刺中了靠近船边的鱼。
Tā yòng fēnglì de yúchā cì zhōng le kào jìn chuán biān de yú

鱼像鸟一样跃到空中，溅起了水花。
Yú xiàng niǎo yíyàng yuè dào kōngzhōng jiàn qǐ le shuǐhuā

그는 그의 배쪽으로 가까이 다가온 물고기에 뾰족한 작살渔叉을 꽂았다.
물고기는 물을 튀기면서溅 마치 새처럼 하늘을 향해 튀어 올랐다.

산티아고는 어지러웠다.

圣地亚哥 感到 ________。
Shèng dì yà gē gǎn dào

* 头晕(tóuyūn) 머리가 아찔하다, 어지럽다

상처가 가득한 산티아고는 어지러웠다.

* 323쪽 빈칸 정답

头 晕
tóu yūn

圣地亚哥 ____________________，他感到头晕。
Shèng dì yà gē　　tā gǎn dào tóu yūn

* 满(mǎn) 온, 모두의

얼굴과 손에 상처가 가득한 산티아고는

어지러웠다.

* 325쪽 빈칸 정답

满 是 伤 口

mǎn shì shāng kǒu

圣地亚哥的 __________________ 满是伤口，
Shèng dì yà gē de mǎn shì shāng kǒu

他感到头晕。
tā gǎn dào tóu yūn

얼굴과 손에 상처가 가득한 산티아고는 검은 반점들을 볼 정도로 어지러웠다.

* 327쪽 빈칸 정답

脸 和 手 上

liǎn hé shǒu shang

圣地亚哥的脸和手上满是伤口，他感到
Shèng dì yà gē de liǎn hé shǒu shang mǎn shì shāng kǒu tā gǎn dào

头晕，______________________________
tóu yūn

______。

얼굴과 손에 상처가 가득한 산티아고는 검은

반점들을 볼 정도로 어지러웠다.

* 329쪽 빈칸 정답

眼 前 出 现 了 一 团 黑 点

yǎn qián chū xiàn le yì tuán hēi diǎn

圣地亚哥的脸和手上满是伤口，他感到
Shèng dì yà gē de liǎn hé shǒu shang mǎn shì shāng kǒu tā gǎn dào

头晕，眼前出现了一团黑点。
tóu yūn yǎn qián chū xiàn le yì tuán hēi diǎn

산티아고는 항해하기 시작했다.

圣地亚哥 开始 ________。
Shèng dì yà gē kāi shǐ

산티아고는 남서쪽으로 항해하기 시작했다.

* 333쪽 빈칸 정답

航 行

háng xíng

圣地亚哥 开始 ___________ 航行。
Shèng dì yà gē kāi shǐ háng xíng

산티아고는 집으로 가기 위해 남서쪽으로 항해하기 시작했다.

* 335쪽 빈칸 정답

西南方
xī nán fāng

圣地亚哥 开始 ____________________
Shèng dì yà gē kāi shǐ

西南方 航行。
xī nán fāng háng xíng

산티아고는 물고기를 묶은 뒤 집으로 가기 위해 남서쪽으로 항해하기 시작했다.

* 337쪽 빈칸 정답
往家所在的
wǎng jiā suǒ zài de

圣地亚哥 ______________，开始 往家 所在 的
Shèng dì yà gē kāi shǐ wǎng jiā suǒ zài de

西南方 航行。
xī nán fāng háng xíng

* 绑住(bǎng zhù) 묶다

산티아고는 물고기를 단단히 묶은 뒤 집으로 가기 위해 남서쪽으로 항해하기 시작했다.

* 339쪽 빈칸 정답

绑住 鱼 后
bǎngzhù yú hòu

圣地亚哥绑____鱼后，开始往家所在的
Shèng dì yà gē bǎng yú hòu kāi shǐ wǎng jiā suǒ zài de

西南方 航行。
xī nán fāng háng xíng

산티아고는 물고기를 밧줄로 단단히 묶은 뒤

집으로 가기 위해 남서쪽으로 항해하기 시작했다.

* 341쪽 빈칸 정답

紧
jin

圣地亚哥 __________ 绑紧鱼后，开始
Shèng dì yà gē bǎng jǐn yú hòu kāi shǐ

往家所在的西南方航行。
wǎng jiā suǒ zài de xī nán fāng háng xíng

산티아고는 물고기를 밧줄로 단단히 묶은 뒤

집으로 가기 위해 남서쪽으로 항해하기 시작했다.

* 343쪽 빈칸 정답

用 绳 子

yòng shéng zi

圣地亚哥 用 绳子 绑紧 鱼 后，开始 往家 所在
Shèng dì yà gē yòng shéng zi bǎng jǐn yú hòu kāi shǐ wǎng jiā suǒ zài

的 西南方 航行。
de xī nán fāng háng xíng

그러나 불행하게도,

然而 ______________________,
Rán ér

그러나 불행하게도, 출발한 지 한 시간이 지나자,

* 347쪽 빈칸 정답

不幸的是
bú xìng de shì

然而不幸的是，______________________________
Rán ér bú xìng de shì

______，

그러나 불행하게도, 출발한 지 한 시간이 지나자 상어가 나타났다.

* 349쪽 빈칸 정답

出 发 一 个 小 时 后
chū fā yí ge xiǎo shí hòu

然而不幸的是，出发一个小时后，一只
Rán ér bú xìng de shì chū fā yí ge xiǎo shí hòu yì zhī

鲨鱼就 ______________。
shā yú jiù

그러나 불행하게도, 출발한 지 한 시간이 지나자

피 냄새를 맡은 상어가 나타났다.

* 351쪽 빈칸 정답

出 现 了
chū xiàn le

然而 不幸 的 是, 出发 一个 小时 后, 一只
Rán ér bú xìng de shì chū fā yí ge xiǎo shí hòu yì zhī

_______________________________ 鲨鱼 出现 了。
shā yú chū xiàn le

* 血腥味(xuè xīng wèi) 피 냄새

그러나 불행하게도, 출발한 지 한 시간이 지나자 물고기의 피 냄새를 맡은 무시무시한 상어가 나타났다.

* 353쪽 빈칸 정답

闻到血腥味的
wén dào xuè xīng wèi de

然而 不幸 的 是，出发 一个 小时 后，一只
Rán ér bú xìng de shì chū fā yí ge xiǎo shí hòu yì zhī

闻到 ____ 血腥味 的 凶猛 无比 的 鲨鱼 出现
wén dào xuè xīng wèi de xiōng měng wú bǐ de shā yú chū xiàn

了。
le

그러나 불행하게도, 출발한 지 한 시간이 지나자 물고기의 피 냄새를 맡은 무시무시한 상어가 나타났다.

* 355쪽 빈칸 정답

鱼
yú

然而不幸的是，出发一个小时后，一只
Rán ér bú xìng de shì chū fā yí ge xiǎo shí hòu yì zhī

闻到鱼血腥味的凶猛无比的鲨鱼出现
wén dào yú xuè xīng wèi de xiōng měng wú bǐ de shā yú chū xiàn

了。
le

鲨鱼 用 锋利 的 牙齿 咬住 了 鱼 的 尾巴。
Shā yú yòng fēng lì de yá chǐ yǎo zhù le yú de wěi ba

圣地亚哥 用 渔叉 刺中 了 鲨鱼 的 头 中央。
Shèng dì yà gē yòng yú chā cì zhōng le shā yú de tóu zhōng yāng

---

상어는 날카로운 이빨로 물고기의 꼬리를 물었다. 산티아고는 그의 머리 한가운데에 작살을 꽂았다.

鲨鱼 死了，可是 它 已经 吃掉了
Shā yú sǐ le kě shì tā yǐ jing chī diào le

大约 二十 公斤 的 鱼。
dà yuē èr shí gōng jīn de yú

상어는 죽었지만, 그것은 물고기의 20kg쯤을 먹어 버렸다.

"나는 인간은 패배하지는 않는다고 생각해."

"我认为 ______________________。"
Wǒ rèn wéi

“나는 인간은 쓰러질지언정 패배하지는 않는다고 생각해.”

* 361쪽 빈칸 정답
人 不 能 被 打 败
rén bù néng bèi dǎ bài

“我认为人 ______________________，但不能被打败。”

Wǒ rèn wéi rén ... dàn bù néng bèi dǎ bài

"이런 상황에서도, 나는 인간은 쓰러질지언정
패배하지는 않는다고 생각해."

* 363쪽 빈칸 정답

可 能 会 倒 下
kě néng huì dǎo xià

“____,

我 认为 人 可能 会 倒下，但 不能 被 打败。”

Wǒ rèn wéi rén kě néng huì dǎo xià dàn bù néng bèi dǎ bài

"이렇게 어려운 상황에서도, 나는 인간은 쓰러질지언정 패배하지는 않는다고 생각해."

* 365쪽 빈칸 정답

尽管面临着这种情况
Jìn guǎn miàn lín zhe zhè zhǒng qíng kuàng

“尽管面临着这种______情况，我认为人
Jìn guǎn miàn lín zhe zhè zhǒng qíng kuàng Wǒ rèn wéi rén

可能会倒下，但不能被打败。”
kě néng huì dǎo xià dàn bù néng bèi dǎ bài

“이렇게 어려운 상황에서도, 나는 인간은 쓰러질지언정 패배하지는 않는다고 생각해.”

* 367쪽 빈칸 정답

困难的
kùn nán de

"尽管 面临 着 这种 困难 的 情况，我 认为 人
Jìn guǎn miàn lín zhe zhè zhǒng kùn nán de qíng kuàng Wǒ rèn wéi rén

可能 会 倒下，但 不能 被 打败。"
kě néng huì dǎo xià dàn bù néng bèi dǎ bài

그러나 그때 상어 두 마리가 나타났다.

然而，随后又________两只鲨鱼。
Rán ér suí hòu yòu liǎng zhī shā yú

그러나 그때 상어 두 마리가 나타나서는

먹어버렸다.

* 371쪽 빈칸 정답

来 了
lái le

然而，随后 又 来了 两只 鲨鱼，又 ____________

Rán ér suí hòu yòu lái le liǎng zhī shā yú yòu

_____。

그러나 그때 상어 두 마리가 나타나서는 물고기의 반절을 먹어버렸다.

* 373쪽 빈칸 정답

吃 掉 了
chī diào le

然而，随后又来了两只鲨鱼，又吃掉了＿＿＿＿
Rán ér suí hòu yòu lái le liǎng zhī shā yú yòu chī diào le

＿＿＿＿＿＿＿＿＿＿＿＿＿＿。

그러나 그때 상어 두 마리가 나타나서는 비웃듯이

물고기의 반절을 먹어버렸다.

***** 375쪽 빈칸 정답

一 半儿 的 鱼
yí bànr de yú

然而，随后又来了两只鲨鱼，__________
Rán ér suí hòu yòu lái le liǎng zhī shā yú

_____他_______又吃掉了一半儿的鱼。
tā yòu chī diào le yí bànr de yú

그러나 그때 상어 두 마리가 나타나서는 그의 말을 비웃듯이 물고기의 반절을 먹어버렸다.

* 377쪽 빈칸 정답

好像 嘲 笑, 似 的

hǎo xiàng cháo xiào, shì de

然而，随后又来了两只鲨鱼，好像嘲笑_

Rán ér suí hòu yòu lái le liǎng zhī shā yú hǎo xiàng cháo xiào

____________________似的又吃掉了一半儿的

shì de yòu chī diào le yí bànr de

鱼。

yú

그러나 그때 상어 두 마리가 나타나서는 그의 말을 비웃듯이 물고기의 반절을 먹어버렸다.

* 379쪽 빈칸 정답

他 的 话
tā de huà

然而，随后又来了两只鲨鱼，好像嘲笑他
Rán ér suí hòu yòu lái le liǎng zhī shā yú hǎo xiàng cháo xiào tā

的话似的又吃掉了一半儿的鱼。
de huà shì de yòu chī diào le yí bànr de yú

圣地亚哥 用 刀子 把 两只 鲨鱼 都 刺杀 了。
Shèng dì yà gē yòng dāo zi bǎ liǎng zhī shā yú dōu cì shā le

刀子 像 之前 的 鱼叉 那样, 和 鲨鱼 沉入
Dāo zi xiàng zhī qián de yú chā nà yàng hé shā yú chén rù

海中。
hǎi zhōng

산티아고는 그 두 마리의 상어들도 칼로 찔렀다.

칼은 작살이 그랬던 것처럼 상어들과 함께 바닷속으로 가라앉았다.

圣地亚哥 把 血淋淋 的 双手 放进
Shèng dì yà gē bǎ xiě lín lín de shuāng shǒu fàng jìn

海水 里。
hǎi shuǐ li

"鱼啊，我 对不起 你 了。"
Yú ā wǒ duì bú qǐ nǐ le

산티아고는 피투성이血淋淋가 된 손을 바다에 담갔다.

"물고기야, 너에게 미안하구나."

산티아고는 후회했다.

圣地亚哥 ________。
Shèng dì yà gē

산티아고는 너무 멀리 온 것을 후회했다.

* 385쪽 빈칸 정답

后 悔
hòu huǐ

圣地亚哥 后悔 ____________________ 了。
Shèng dì yà gē hòu huǐ le

산티아고는 해안에서 너무 멀리 온 것을 후회했다.

* 387쪽 빈칸 정답

走 得 太 远

zǒu de tài yuǎn

圣地亚哥 后悔 走得 ____________ 太 远 了。
Shèng dì yà gē hòu huǐ zǒu de tài yuǎn le

산티아고는 물고기와 해안에서 너무 멀리 온 것을 후회했다.

* 389쪽 빈칸 정답

离 海岸
lí hǎi'àn

圣地亚哥后悔__________走得离海岸太
Shèng dì yà gē hòu huǐ zǒu de lí hǎi' àn tài

远了。
yuǎn le

해를 보면서, 산티아고는 물고기와 해안에서 너무 멀리 온 것을 후회했다.

* 391쪽 빈칸 정답

跟 着 鱼
gēn zhe yú

圣地亚哥 ________________ 后悔跟着鱼
Shèng dì yà gē hòu huǐ gēn zhe yú

走得离海岸太远了。
zǒu de lí hǎi' àn tài yuǎn le

바다 너머로 지는 해를 보면서, 산티아고는

물고기와 해안에서 너무 멀리 온 것을 후회했다.

* 393쪽 빈칸 정답

看 着 太 阳
kàn zhe tài yáng

圣地亚哥 看着 太阳____________________，
Shèng dì yà gē kàn zhe tài yáng

后悔 跟着 鱼 走得 离 海岸 太 远 了。
hòu huǐ gēn zhe yú zǒu de lí hǎi' àn tài yuǎn le

바다 너머로 지는 해를 보면서, 산티아고는

물고기와 해안에서 너무 멀리 온 것을 후회했다.

* 395쪽 빈칸 정답

落 下 海 平 面

luò xià xià píngmiàn

圣地亚哥 看着 太阳 落下 海平面，后悔 跟着
Shèng dì yà gē kàn zhe tài yáng luò xià hǎi píng miàn hòu huǐ gēn zhe

鱼 走得 离 海岸 太 远 了。
yú zǒu de lí hǎi' àn tài yuǎn le

그는 항해를 계속했다.

他 ________________________。
Tā

그는 어둠 속에서 항해를 계속했다.

* 399쪽 빈칸 정답

继续驾驶钓船

jì xù jià shǐ diào chuán

他 ______________ 继续 驾驶 钓船。

Tā ______________ jì xù jià shǐ diào chuán

그는 깊은 어둠 속에서 항해를 계속했다.

* 401쪽 빈칸 정답

在 黑暗 中
zài hēi'àn zhōng

他在__________黑暗中继续驾驶钓船。

Tā zài __________ hēi' àn zhōng jì xù jià shǐ diào chuán

그는 고향으로 가기 위해 깊은 어둠 속에서 항해를 계속했다.

* 403쪽 빈칸 정답

深深 的

shēn shēn de

______________________________，他 在
tā zài

深深的 黑暗 中 继续 驾驶 钓船。
shēn shēn de hēi' àn zhōng jì xù jià shǐ diào chuán

그는 소년이 기다리는 고향으로 가기 위해 깊은 어둠 속에서 항해를 계속했다.

* 405쪽 빈칸 정답

为 了 回 到 家 乡 去
Wèi le huí dào jiā xiāng qù

为了 回到 ______________ 家乡 去，他
Wèi le huí dào jiā xiāng qù tā

在 深深的 黑暗 中 继续 驾驶 钓船。
zài shēn shēn de hēi' àn zhōng jì xù jià shǐ diào chuán

그는 소년이 자신을 기다리는 고향으로 가기 위해

깊은 어둠 속에서 항해를 계속했다.

* 407쪽 빈칸 정답

孩 子 等 待 的

hái zi děng dài de

为了 回到 孩子 等待 ______ 的 家乡 去，他

Wèi le huí dào hái zi děng dài de jiā xiāng qù tā

在 深深的 黑暗 中 继续 驾驶 钓船。

zài shēn shēn de hēi' àn zhōng jì xù jià shǐ diào chuán

그는 소년이 자신을 기다리는 고향으로 가기 위해

깊은 어둠 속에서 항해를 계속했다.

* 409쪽 빈칸 정답

自己
zì jǐ

为了 回到 孩子 等待 自己 的 家乡 去，他 在
Wèi le huí dào hái zi děng dài zì jǐ de jiā xiāng qù tā zài

深深的 黑暗 中 继续 驾驶 钓船。
shēn shēn de hēi' àn zhōng jì xù jià shǐ diào chuán

到了 深夜，一群 鲨鱼 又 袭击 了 鱼。
Dào le shēn yè yì qún shā yú yòu xí jī le yú

他的 小船 差点儿 被 翻倒。
Tā de xiǎo chuán chà diǎnr bèi fān dǎo

한밤중이 되자 상어 떼가 또 물고기를 공격했다.

배는 거의 뒤집힐 뻔했다.

圣地亚哥 没有 武器，什么 都
Shèng dì yà gē méi yǒu wǔ qì shén me dōu

做不了。
zuò bu liǎo

鲨鱼们 几乎 把 鱼 都 吃光 了。
Shā yú men jī hū bǎ yú dōu chī guāng le

산티아고는 무기를 가지고 있지 않았기 때문에 아무것도 할 수 없었다.

상어들은 물고기의 거의 전부를 먹어 버렸다.

산티아고는 불빛을 발견했다.

46

圣地亚哥 ______________________。
Shèng dì yà gē

산티아고는 그의 고향의 불빛을 발견했다.

* 415쪽 빈칸 정답

发 现 了 灯 光

fā xiàn le dēng guāng

圣地亚哥 发现 了 ____________ 灯光。
Shèng dì yà gē fā xiàn le dēng guāng

산티아고는 떠 있는 그의 고향의 불빛을 발견했다.

* 417쪽 빈칸 정답

家 乡 的

jiā xiāng de

圣地亚哥发现了家乡的灯光＿＿＿＿＿着。
Shèng dì yà gē fā xiàn le jiā xiāng de dēng guāng zhe

* 闪烁(shǎn shuò) 깜빡이다, 가물거리다

산티아고는 밤바다의 끝에 떠 있는 그의 고향의

불빛을 발견했다.

* 419쪽 빈칸 정답

闪 烁

shǎn shuò

圣地亚哥 发现 了 家乡 的 灯光 闪烁 ________
Shèng dì yà gē fā xiàn le jiā xiāng de dēng guāng shăn shuò

____。

산티아고는 밤바다의 끝에 떠 있는 그의 고향의 불빛을 발견했다.

* 421쪽 빈칸 정답

在夜晚大海的尽头

zài yè wǎn dà hǎi de jìn tóu

圣地亚哥 发现 了 家乡 的 灯光 闪烁 在 夜晚
Shèng dì yà gē fā xiàn le jiā xiāng de dēng guāng shǎn shuò zài yè wǎn

大海 的 尽头。
dà hǎi de jìn tóu

그는 조용히 앉아 있었다.

他 ＿＿＿＿＿＿ 坐着。
Tā zuò zhe

그는 배 위에서 조용히 앉아 있었다.

* 425쪽 빈칸 정답

静静 地

jìng jìng de

他静静地坐_________________。
Tā jìngjìng de zuò

그는 상어들에 의해 부서진 배 위에서 조용히 앉아 있었다.

* 427쪽 빈칸 정답

在 船 上

zài chuán shàng

他静静地坐在
Tā jìngjìng de zuò zài

船上。
chuán shàng

아무런 생각도 하지 않으면서, 그는 상어들에 의해 부서진 배 위에서 조용히 앉아 있었다.

* 429쪽 빈칸 정답

被鲨鱼破坏的

bèi shā yú pò huài de

他静静地坐在被鲨鱼破坏的船上，
Tā jìngjìng de zuò zài bèi shāyú pòhuài de chuán shàng

________。

아무런 생각도 하지 않으면서, 그는 상어들에 의해

부서진 배 위에서 조용히 앉아 있었다.

* 431쪽 빈칸 정답

什么 都 不 想

shénme dōu bù xiǎng

他静静地坐在被鲨鱼破坏的船上，什么
Tā jìngjìng de zuò zài bèi shāyú pòhuài de chuán shàng shénme

都不想。
dōu bù xiǎng

圣地亚哥 到达 港口 时 已经 是 夜晚 了。
Shèng dì yà gē dào dá gǎng kǒu shí yǐ jing shì yè wǎn le

他 没 把 鱼骨 拿走，就 回家 了。
Tā méi bǎ yú gǔ ná zǒu jiù huí jiā le

산티아고가 항구에 다다랐을 때는 밤이었다.

그는 물고기의 뼈를 그대로 놔둔 채 집으로 향했다.

他背着重重的家什，在路上
Tā bèi zhe zhòng zhòng de jiā shi zài lù shang

摔倒了好几次。
shuāi dǎo le hǎo jǐ cì

他一到家就沉睡了过去。
Tā yī dào jiā jiù chén shuì le guò qù

그는 무거운 짐을 진 채 길 위에서 여러 번 쓰러졌다.

그는 집에 도착하자마자 깊이 잠에 들었다.

아침이 되자, 소년은 울기 시작했다.

早晨，________________________________。
Zǎo chén

아침이 되자, 그의 집으로 달려온 소년은 울기 시작했다.

* 437쪽 빈칸 정답

男孩儿 就 哭 了 起 来

nán hair jiù kū le qǐ lái

早晨，男孩儿 ____________________，就哭了
Zǎo chén nán háir jiù kū le

起来。
qǐ lái

아침이 되자, 그의 집으로 달려온 소년은 슬프게 울기 시작했다.

* 439쪽 빈칸 정답

跑 到 他 家
pǎo dào tā jiā

早晨，男孩儿 跑到 他家 后，就 ______________
Zǎo chén nán háir pǎo dào tā jiā hòu jiù

_____ 哭了 起来。
kū le qǐ lái

아침이 되자, 그의 집으로 달려온 소년은 상처를 보고 슬프게 울기 시작했다.

* 441쪽 빈칸 정답

伤心地
shāngxīn de

早晨，男孩儿跑到他家后 ______________

Zǎo chén nán háir pǎo dào tā jiā hòu

____，就伤心地哭了起来。

jiù shāng xīn de kū le qǐ lái

아침이 되자, 그의 집으로 달려온 소년은 산티아고 전신의 상처를 보고 슬프게 울기 시작했다.

* 443쪽 빈칸 정답

发 现 了 伤 口

fā xiàn le shāngkǒu

早晨，男孩儿跑到他家后发现了________
Zǎo chén nán háir pǎo dào tā jiā hòu fā xiàn le

________都是伤口，就伤心地哭了起来。
dōu shì shāng kǒu jiù shāng xīn de kū le qǐ lái

아침이 되자, 그의 집으로 달려온 소년은

산티아고의 전신의 상처를 보고 슬프게 울기

시작했다.

* 445쪽 빈칸 정답

老 人 满 身

lǎo rén mǎnshēn

早晨，男孩儿跑到他家后发现了老人满身
Zǎo chén nán háir pǎo dào tā jiā hòu fā xiàn le lǎo rén mǎn shēn

都是伤口，就伤心地哭了起来。
dōu shì shāng kǒu jiù shāng xīn de kū le qǐ lái

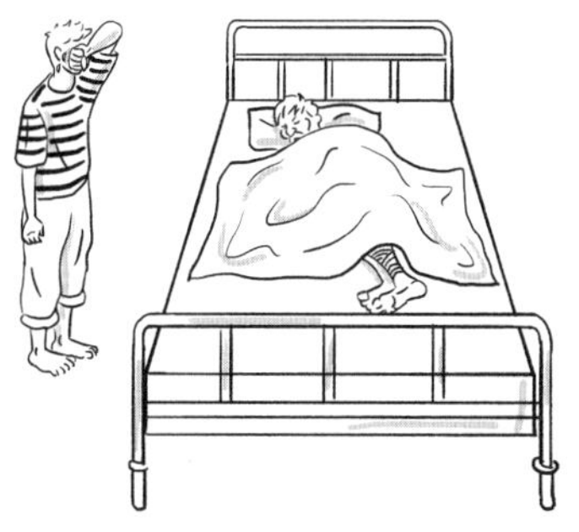

소년은 뛰쳐나갔다.

50

男孩 ________ 了。

Nán hái ________ le

* 跑(pǎo) 달리다, 뛰다

* 跑出去(pǎo chūqù) 뛰쳐나가다

소년은 집 밖으로 뛰쳐나갔다.

* 449쪽 빈칸 정답

跑 出去
pǎo chūqù

男孩跑出 ________。
Nán hái pǎo chū

소년은 산티아고에게 뜨거운 커피를 가져다 주기 위해 집 밖으로 뛰쳐나갔다.

* 451쪽 빈칸 정답

门 外
mén wài

____

____________________，男孩 跑出 门外。
nán hái pǎo chū mén wài

소년은 산티아고에게 우유와 설탕을 넣은 뜨거운 커피를 가져다 주기 위해 집 밖으로 뛰쳐나갔다.

* 453쪽 빈칸 정답

为 了 给 圣 地 亚 哥 拿 一 杯 热 咖 啡
Wèi le gěi Shèng dì yà gē ná yì bēi rè kā fēi

为了给圣地亚哥拿一杯 ________________
Wèi le gěi Shèng dì yà gē ná yì bēi

________ 热咖啡，男孩跑出门外。
rè kā fēi nán hái pǎo chū mén wài

소년은 산티아고에게 우유와 설탕을 넣은 뜨거운 커피를 가져다 주기 위해 집 밖으로 뛰쳐나갔다.

* 455쪽 빈칸 정답

加 点 牛 奶 和 糖 的
jiā diǎn niú nǎi hé táng de

为了给圣地亚哥拿一杯加点牛奶和糖的
Wèi le gěi Shèng dì yà gē ná yì bēi jiā diǎn niú nǎi hé táng de

热咖啡，男孩跑出门外。
rè kā fēi nán hái pǎo chū mén wài

很多渔夫聚集在圣地亚哥的船周围。
Hěn duō yú fū jù jí zài Shèng dì yà gē de chuán zhōu wéi

他们看到巨大的鱼骨大吃一惊。
Tāmen kàn dào jù dà de yú gǔ dà chī yì jīng

"你看，这条鱼足足有 5.5 米长。"
Nǐ kàn zhè tiáo yú zú zú yǒu wǔ diǎn wǔ mǐ cháng

어부들은 산티아고의 배 주위에 모여聚集 있었다.

그들은 물고기의 커다란 뼈를 보고 놀라워했다.

"봐, 이건 5.5m米야!"

🎧 51

但是 男孩儿 却 没有 看 他们,
Dàn shì nán háir què méi yǒu kàn tāmen

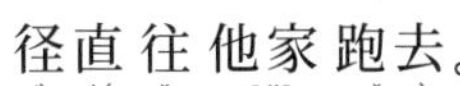

径直 往 他家 跑去。
jìng zhí wǎng tā jiā pǎo qù

그러나 소년은 그들을 쳐다보지도 않고 곧장径直 집으로 뛰어갔다.

산티아고는 앉아 있는 소년을 보았다.

52

圣地亚哥 看见 了 男孩 ____ 着。
Shèng dì yà gē kàn jiàn le nán hái ____ zhe

* 坐(zuò) 앉다

산티아고는 그의 옆에 앉아 있는 소년을 보았다.

* 461쪽 빈칸 정답

坐

zuò

圣地亚哥看见了坐____________________
Shèng dì yà gē kàn jiàn le zuò

____男孩。
nán hái

산티아고는 그를 보살피기 위해 그의 옆에 앉아 있는 소년을 보았다.

* 463쪽 빈칸 정답

在他身边的
zài tā shēn biān de

圣地亚哥 看见 了 ______________________
Shèng dì yà gē kàn jiàn le

而 坐 在 他 身边 的 男孩。
ér zuò zài tā shēn biān de nán hái

깨어난 산티아고는 그를 보살피기 위해 그의 옆에 앉아 있는 소년을 보았다.

* 465쪽 빈칸 정답

为 了 照 顾 自 己
wèi le zhào gù zì jǐ

圣地亚哥终于 __________，看见了为了

Shèng dì yà gē zhōng yú kàn jiàn le wèi le

照顾自己而坐在他身边的男孩。

zhào gù zì jǐ ér zuò zài tā shēn biān de nán hái

깊은 잠을 자고 깨어난 산티아고는 그를 보살피기 위해 그의 옆에 앉아 있는 소년을 보았다.

* 467쪽 빈칸 정답

醒 过 来

xǐng guò lái

圣地亚哥终于在 ______ 中醒过来，看见
Shèng dì yà gē zhōng yú zài zhōng xǐng guò lái kàn jiàn

了为了照顾自己而坐在他身边的男孩。
le wèi le zhào gù zì jǐ ér zuò zài tā shēn biān de nán hái

* 熟睡(shú shuì) 숙면하다, 푹 자다

깊은 잠을 자고 깨어난 산티아고는 그를 보살피기 위해 그의 옆에 앉아 있는 소년을 보았다.

* 469쪽 빈칸 정답

熟 睡
shú shuì

圣地亚哥终于在熟睡中醒过来，看见了

Shèng dì yà gē zhōng yú zài shú shuì zhōng xǐng guò lái kàn jiàn le

为了照顾自己而坐在他身边的男孩。

wèi le zhào gù zì jǐ ér zuò zài tā shēn biān de nán hái

산티아고는 자신이 패배했다고 그에게 말했다.

圣地亚哥向男孩儿诉说________________
Shèng dì yà gē xiàng nán háir sù shuō

________。

산티아고는 자신이 결국 패배했다고 그에게 말했다.

* 473쪽 빈칸 정답

自 己 被 打 败 了

zì jǐ bèi dǎ bài le

圣地亚哥 向 男孩儿 诉说 自己 ________ 被
Shèng dì yà gē xiàng nán háir sù shuō zì jǐ bèi

打败 了。
dǎ bài le

산티아고는 커피를 마시면서 자신이 결국

패배했다고 그에게 말했다.

* 475쪽 빈칸 정답

最 终

zuì zhōng

圣地亚哥 ________________, 边向男孩儿
Shèng dì yà gē　　　　　　　　　biān xiàng　nán háir

诉说 自己 最终 被 打败 了。
sù shuō　zì jǐ　zuì zhōng　bèi　dǎ bài　le

* 边~边(biān…biān…) …하면서…하다, …과…를 병행하다

산티아고는 지친 얼굴로 커피를 마시면서 자신이 결국 패배했다고 그에게 말했다.

* 477쪽 빈칸 정답

边 喝 咖 啡
biān hē kā fēi

圣地亚哥 ______________________ 边 喝
Shèng dì yà gē biān hē

咖啡, 边 向 男孩儿 诉说 自己 最终 被 打败
kā fēi biān xiàng nán háir sù shuō zì jǐ zuì zhōng bèi dǎ bài

了。
le

산티아고는 지친 얼굴로 커피를 마시면서 자신이 결국 패배했다고 그에게 말했다.

* 479쪽 빈칸 정답

一脸疲倦地

yì liǎn pí juàn de

圣地亚哥 一脸 疲倦 地 边 喝 咖啡，边 向
Shèng dì yà gē yì liǎn pí juàn de biān hē kā fēi biān xiàng

男孩儿 诉说 自己 最终 被 打败 了。
nán háir sù shuō zì jǐ zuì zhōng bèi dǎ bài le

소년은 사람들 모두가 노력해 왔다고 말했다.

男孩儿说 ______ 都一直在努力。

Nán háir shuō ______ dōu yì zhí zài nǔ lì

소년은 마을 사람들 모두가 노력해 왔다고 말했다.

* 483쪽 빈칸 정답

每 个 人
měi ge rén

男孩儿说________的每个人都一直在

Nán háir shuō de měi ge rén dōu yì zhí zài

努力。

nǔ lì

소년은 마을 사람들 모두가 그를 찾기 위해 열심히 노력해 왔다고 말했다.

* 485쪽 빈칸 정답

村 里
cūn lǐ

男孩儿说村里的每个人都一直在 ____________
Nán háir shuō cūn lǐ de měi ge rén dōu yì zhí zài

______________________________。

소년은 마을 사람들 모두가 그를 찾기 위해 열심히 노력해 왔다고 말했다.

* 487쪽 빈칸 정답

努力地寻找他
nǔ lì de xún zhǎo tā

男孩儿 说 村里 的 每个 人 都 一直 在 努力 地
Nán háir shuō cūn lǐ de měi ge rén dōu yì zhí zài nǔ lì de

寻找 他。
xún zhǎo tā

“我在这三天就钓到了四条鱼了。”
Wǒ zài zhè sān tiān jiù diào dào le sì tiáo yú le

“你做得很不错。”
Nǐ zuò de hěn bú cuò

圣地亚哥温柔地对男孩儿微笑。
Shèng dì yà gē wēn róu de duì nán háir wēi xiào

“저는 삼 일 동안 물고기 네 마리를 잡았어요.”

“아주 잘했구나.”

산티아고는 소년을 향해 웃었다.

"我会给你带来好运，带我
Wǒ huì gěi nǐ dài lái hǎo yùn dài wǒ

一起去出海钓鱼吧。"
yì qǐ qù chū hǎi diào yú ba

男孩儿对圣地亚哥说。
nán háir duì Shèng dì yà gē shuō

"제가 운을 가져 올 테니, 저랑 고기 잡으러 가요."

소년은 산티아고에게 말했다.

"할아버지는 건강해지시길 바라요."

"希望你＿＿＿＿＿＿＿＿＿＿。"

Xī wàng nǐ

"할아버지는 어서 건강해지시길 바라요."

* 493쪽 빈칸 정답

恢 复 健 康

huī fù jiàn kāng

"希望 你 __________ 恢复 健康。"
Xī wàng nǐ huī fù jiàn kāng

"할아버지는 제게 가르쳐 주셔야 하니, 어서 건강해지시길 바라요."

* 495쪽 빈칸 정답

早 点儿
zǎo diǎnr

"希望你早点儿恢复健康, ____________
Xī wàng nǐ zǎo diǎnr huī fù jiàn kāng

____________ 呢。"
ne

"할아버지는 아직도 제게 가르쳐 주셔야 하니,

어서 건강해지시길 바라요."

* 497쪽 빈칸 정답

因 为 你 得 教 我

yīn wèi nǐ děi jiāo wǒ

“希望你早点儿恢复健康,因为你____得
Xī wàng nǐ zǎo diǎnr huī fù jiàn kāng yīn wèi nǐ děi

教我呢。”
jiāo wǒ ne

“할아버지는 아직도 제게 고기 잡는 법을 가르쳐 주셔야 하니, 어서 건강해지시길 바라요.”

* 499쪽 빈칸 정답

还
hái

“希望你早点儿恢复健康，因为你还得
Xī wàng nǐ zǎo diǎnr huī fù jiàn kāng yīn wèi nǐ hái děi

教我________呢。”
jiāo wǒ ne

"할아버지는 아직도 제게 고기 잡는 법을 가르쳐 주셔야 하니, 어서 건강해지시길 바라요."

* 501쪽 빈칸 정답

钓 鱼
diào yú

“希望你早点儿恢复健康，因为你还得教
Xī wàng nǐ zǎo diǎnr huī fù jiàn kāng yīn wèi nǐ hái děi jiāo

我钓鱼呢。”
wǒ diào yú ne

산티아고는 다시 잠이 들었다.

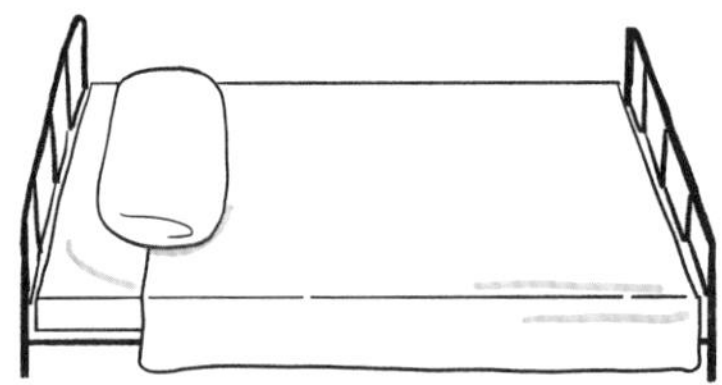

圣地亚哥 ________________。
Shèng dì yà gē

소년이 나가자 산티아고는 다시 잠이 들었다.

* 505쪽 빈칸 정답

又 睡 着 了
yòu shuì zháo le

________，圣地亚哥又睡着了。

Shèng dì yà gē yòu shuì zháo le

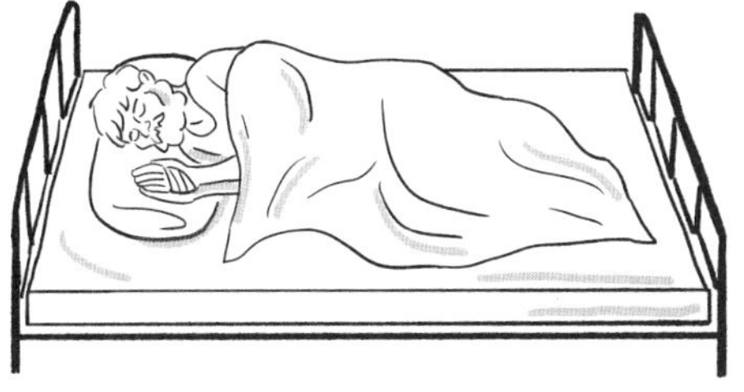

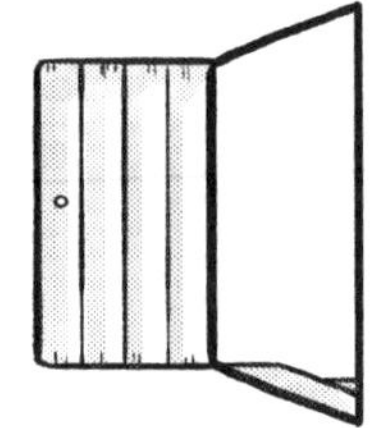

소년이 음식과 신문을 가지러 나가자 산티아고는

다시 잠이 들었다.

* 507쪽 빈칸 정답

男孩儿 出 去
Nán háir chū qù

男孩儿 出去 ____________________，
Nán háir chū qù

圣地亚哥 又 睡着 了。
Shèng dì yà gē yòu shuì zháo le

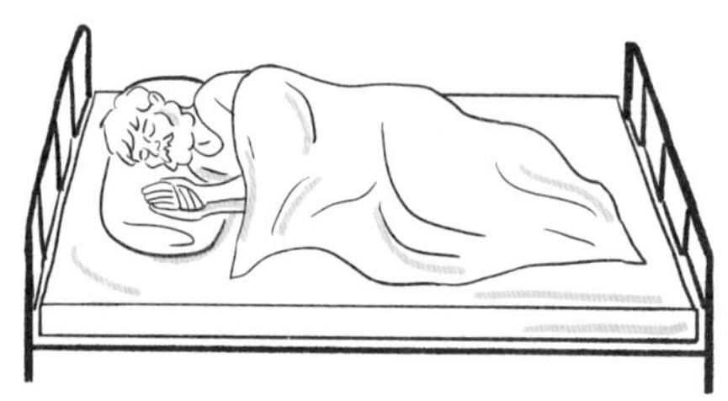

소년이 그의 부탁대로 음식과 신문을 가지러 나가자 산티아고는 다시 잠이 들었다.

* 509쪽 빈칸 정답

拿饮食和报纸
ná yǐn shí hé bào zhǐ

男孩儿 ______________________ 出去拿饮食
Nán háir chū qù ná yǐn shí

和报纸，圣地亚哥又睡着了。
hé bào zhǐ Shèng dì yà gē yòu shuì zháo le

소년이 그의 부탁대로 음식과 신문을 가지러 나가자 산티아고는 다시 잠이 들었다.

* 511쪽 빈칸 정답

按 他 的 吩 咐

àn tā de fēn fù

男孩儿按他的吩咐出去拿饮食和报纸，
Nán háir àn tā de fēn fù chū qù ná yǐn shí hé bào zhǐ

圣地亚哥又睡着了。
Shèng dì yà gē yòu shuì zháo le

산티아고는 사자의 꿈을 꾸었다.

圣地亚哥 梦见 了 一只 ______。
Shèng dì yà gē mèng jiàn le yì zhī

산티아고는 아프리카에 있는 사자의 꿈을 꾸었다.

* 515쪽 빈칸 정답

狮 子

shī zi

圣地亚哥 梦见 了 一只 ________ 狮子。
Shèng dì yà gē mèng jiàn le yì zhī shī zi

소년이 돌아왔을 때에, 산티아고는 아프리카에 있는 사자의 꿈을 꾸었다.

* 517쪽 빈칸 정답

非洲
fēi zhōu

_______________________________________,

圣地亚哥 正在 做梦, 他 梦见 了 一只 非洲

Shèng dì yà gē zhèng zài zuò mèng tā mèng jiàn le yì zhī fēi zhōu

狮子。

shī zi

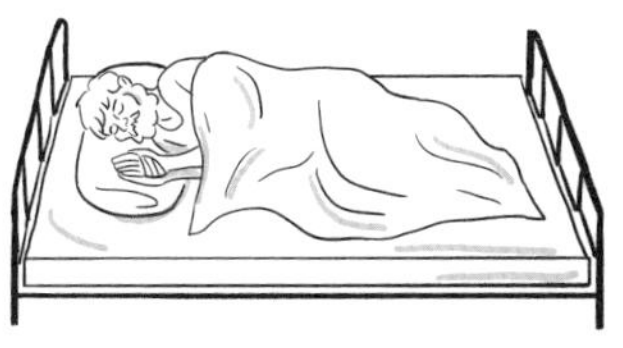

소년이 그것들을 가지고 돌아왔을 때에,

산티아고는 아프리카에 있는 사자의 꿈을 꾸었다.

* 519쪽 빈칸 정답

在 男孩儿 回 来 的 时候
Zài nán háir huí lái de shíhou

在 男孩儿 ________________ 回来 的 时候，
Zài nán háir huí lái de shí hou

圣地亚哥 正在 做梦，他 梦见 了 一只 非洲
Shèng dì yà gē zhèng zài zuò mèng tā mèng jiàn le yì zhī fēi zhōu

狮子。
shī zi

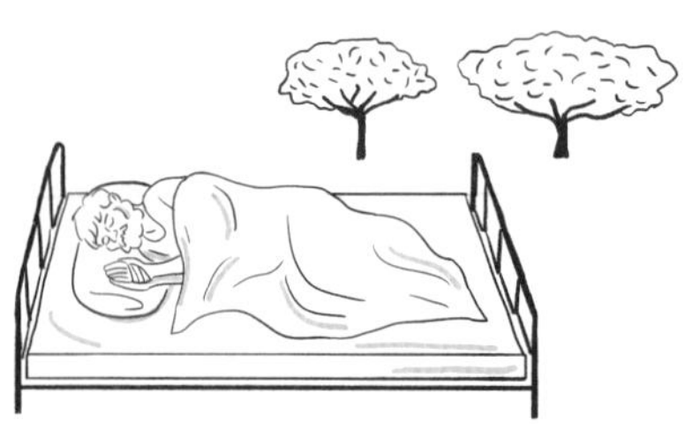

소년이 그것들을 가지고 돌아와서 그를 지켜볼 때에, 산티아고는 아프리카에 있는 사자의 꿈을 꾸었다.

* 521쪽 빈칸 정답

把 东 西 拿
bǎ dōng xi ná

在男孩儿把东西拿回来__________的
Zài nán háir bǎ dōng xi ná huí lái de

时候，圣地亚哥正在做梦，他梦见了一只
shí hou Shèng dì yà gē zhèng zài zuò mèng tā mèng jiàn le yì zhī

非洲狮子。
fēi zhōu shī zi

소년이 그것들을 가지고 돌아와서 침대 옆에 앉아 그를 지켜볼 때에, 산티아고는 아프리카에 있는 사자의 꿈을 꾸었다.

* 523쪽 빈칸 정답

看 着 他
kàn zhe tā

在男孩儿把东西拿回来 ________________
Zài nán háir bǎ dōng xi ná huí lái

______看着他的时候，圣地亚哥正在做梦，他
kàn zhe tā de shí hou Shèng dì yà gē zhèng zài zuò mèng tā

梦见了一只非洲狮子。
mèng jiàn le yì zhī fēi zhōu shī zi

소년이 그것들을 가지고 돌아와서 침대 옆에 앉아 그를 지켜볼 때에, 산티아고는 아프리카에 있는 사자의 꿈을 꾸었다.

* 525쪽 빈칸 정답

坐 在 床 边

zuò zài chuáng biān

在男孩儿把东西拿回来坐在床边看着
Zài nán háir bǎ dōng xi ná huí lái zuò zài chuáng biān kàn zhe

他的时候，圣地亚哥正在做梦，他梦见了
tā de shí hou Shèng dì yà gē zhèng zài zuò mèng tā mèng jiàn le

一只非洲狮子。
yì zhī fēi zhōu shī zi

圣地亚哥 是 一个 老人，独自 在 古巴 的 大海
Shèng dì yà gē shì yí ge lǎo rén dú zì zài Gǔ bā de dà hǎi

里 摇着 小船 打鱼。
lǐ yáo zhe xiǎo chuán dǎ yú

尽管 他 很 消瘦，满脸 都 是 皱纹，可是 他 的
Jǐn guǎn tā hěn xiāo shòu mǎn liǎn dōu shì zhòu wén kě shì tā de

一双 眼睛 闪动 着 蓝光，炯炯有神。
yì shuāng yǎn jing shǎn dòng zhe lán guāng jiǒng jiǒng yǒu shén

他 和 一个 男 孩子 是 朋友，男 孩子 从 五岁
Tā hé yí ge nán hái zi shì péng you nán hái zi cóng wǔ suì

的 那 一 年 开始 跟 他 学 打鱼 的 方法。
de nà yì nián kāi shǐ gēn tā xué dǎ yú de fāng fǎ

男孩儿 真心 地 爱着 圣地亚哥。
Nán háir zhēn xīn de ài zhe Shèng dì yà gē

男孩儿 常常 帮 他 把 家什 搬到 他的 老 房子
Nán háir cháng cháng bāng tā bǎ jiā shi bān dào tā de lǎo fáng zi

去。
qù

"我 已经 八十四 天 没 钓到 一条 鱼 了。"
Wǒ yǐ jing bā shí sì tiān méi diào dào yì tiáo yú le

圣地亚哥 一边 喝 酒, 一边 对 男孩儿 说。
Shèng dì yà gē yì biān hē jiǔ yì biān duì nán háir shuō

"像 以前 我们 俩 一起 出海 一连 三周 天天
Xiàng yǐ qián wǒmen liǎ yì qǐ chū hǎi yì lián sān zhōu tiān tiān

打鱼 时 一样, 请 你 带 我 一起 去 吧。"
dǎ yú shí yí yàng qǐng nǐ dài wǒ yì qǐ qù ba

但是 父亲 让 男孩儿 上 了 另 一条 能 捕 到 很
Dàn shì fù qīn ràng nán háir shàng le lìng yì tiáo néng bǔ dào hěn

多 鱼 的 船, 他 不得不 听从 父亲 的 话。
duō yú de chuán tā bù dé bù tīng cóng fù qīn de huà

一大早, 圣地亚哥 轻轻地 抚摸 男孩儿 的 脚,
Yí dà zǎo Shèng dì yà gē qīng qīng de fǔ mō nán háir de jiǎo

把 他 叫醒 后 和 他 一起 去 了 海边。
bǎ tā jiào xǐng hòu hé tā yì qǐ qù le hǎi biān

圣地亚哥 喝 了 男孩儿 给 他的 两杯 咖啡 代替
Shèng dì yà gē hē le nán háir gěi tā de liǎng bēi kā fēi dài tì

早饭, 然后 独自 上 了 自己 的 船。
zǎo fàn rán hòu dú zì shàng le zì jǐ de chuán

圣地亚哥 把 两只 小鱼 挂 在 鱼钩 上, 然后 把
Shèng dì yà gē bǎ liǎng zhī xiǎo yú guà zài yú gōu shàng rán hòu bǎ

鱼竿 抛 出去, 开始 垂钓。
yú gān pāo chū qù kāi shǐ chuí diào

海水 在 早晨 阳光 的 照射 下 闪闪 发亮。
Hǎi shuǐ zài zǎo chén yáng guāng de zhào shè xià shǎn shǎn fā liàng

"尽管 到 目前 为止, 我 很 倒霉, 可是 谁 知道
Jǐn guǎn dào mù qián wéi zhǐ wǒ hěn dǎo méi kě shì shéi zhī dào

今天 会 发生 什么 事?"
jīn tiān huì fā shēng shénme shì

“我 能 做 的 是 把 我 自己 的 活儿 干 好。”他
wǒ néng zuò de shì bǎ wǒ zì jǐ de huór gàn hǎo tā

自说 自话。
zì shuō zì huà

圣地亚哥 慢慢 在 平静的 海面 上 划着 船，
Shèng dì yà gē màn màn zài píng jìng de hǎi miàn shàng huá zhe chuán

遥望 飞翔 在 空中 寻找 食物 的 鸟儿。
yáo wàng fēi xiáng zài kōng zhōng xún zhǎo shí wù de niǎor

到了 中午，他 感觉 到 从 手指 尖 里 传来 的
Dào le zhōng wǔ tā gǎn jué dào cóng shǒu zhǐ jiān lǐ chuán lái de

一股 不可思议 的 力量 在 扯动 钓线。
yì gǔ bù kě sī yì de lì liang zài chě dòng diào xiàn

“太 厉害 了。我 一辈子 都 没 钓到 过 力气
Tài lì hai le Wǒ yí bèi zi dōu méi diào dào guo lì qi

这么 大 的 鱼。”
zhè me dà de yú

这 条 鱼 慢慢地 游着，拉着 他 的 船。
Zhè tiáo yú màn màn de yóu zhe lā zhe tā de chuán

圣地亚哥 想 知道 那 条 鱼 有 多大。
Shèng dì yà gē xiǎng zhī dào nà tiáo yú yǒu duō dà

但是 鱼 在 海底 深处，他 看 不见。
Dàn shì yú zài hǎi dǐ shēn chù tā kàn bu jiàn

尽管 圣地亚哥 使劲儿 要 把 它 拉到 船边，
Jǐn guǎn Shèng dì yà gē shǐ jìnr yào bǎ tā lā dào chuán biān

可是 鱼 不停 地 往前 游 去。
kě shì yú bù tíng de wǎng qián yóu qù

太阳 落下，随着 脊背 上 的 汗 渐渐 变干，他
Tài yáng luò xià suí zhe jǐ bèi shàng de hàn jiàn jiàn biàn gān tā

感到 发冷。
gǎn dào fā lěng

圣地亚哥 回想 起 了 以前 钓鱼 的 事。
Shèng dì yà gē huí xiǎng qǐ le yí qián diào yú de shì

有一次，他 钓到 了 一对 雌鱼 和 雄鱼。
Yǒu yí cì tā diào dào le yí duì cí yú hé xióng yú

我们 钓到 雌鱼 后 把 它 杀掉 了。然后，雄鱼
wǒmen diào dào cí yú hòu bǎ tā shā diào le Rán hòu xióng yú

悲痛 地 高高 跳到 了 空中。
bēi tòng de gāo gāo tiào dào le kōng zhōng

那 是 一条 圣地亚哥 从来 没见 过 的 最 美丽
Nà shì yì tiáo Shèng dì yà gē cóng lái méi jiàn guò de zuì měi lì

的 鱼。
de yú

圣地亚哥 紧紧 地 拉着 钓线 一整夜 都 没有
Shèng dì yà gē jǐn jǐn de lā zhe diào xiàn yì zhěng yè dōu méi yǒu

休息，只 为了 把 那条 强大 的 鱼 的 力气 耗尽。
xiū xi zhǐ wèi le bǎ nà tiáo qiáng dà de yú de lì qi hào jìn

就 在 这 时候，圣地亚哥 听见 了 船 后面 传来
Jiù zài zhè shí hou Shèng dì yà gē tīng jiàn le chuán hòu miàn chuán lái

鱼漂 被 刚才 捕获 的 大鱼 折断 的 声响。
yú piāo bèi gang cái bǔhuò de dà yú zhé duàn de shēng xiǎng

在 漆黑 的 夜晚，为了 不让 新 捕获 的 鱼
Zài qī hēi de yè wǎn wèi le bú ràng xīn bǔ huò de yú

逃跑，他 用 一只 手 紧紧 地 绑 上 绳子。
táo pǎo tā yòng yì zhī shǒu jǐn jǐn de bǎng shàng shéng zi

"如果 现在 有 男孩儿 在 这 船上 帮 我 干 这
Rú guǒ xiàn zài yǒu nán háir zài zhè chuán shàng bāng wǒ gàn zhè

辛苦 的 活儿，该 多好 啊！"
xīn kǔ de huór gāi duō hǎo a

小船 在 大海浪 的 冲击 下，不停 地 摇晃 着。
Xiǎo chuán zài dà hǎi làng de chōng jī xià bù tíng de yáo huàng zhe

圣地亚哥 的 眼睛 和 手 都 流血 了。
Shèng dì yà gē de yǎn jing hé shǒu dōu liú xiě le

那 条 鱼 继续 朝着 北方 游 去。
nà tiáo yú jì xù cháo zhe běi fāng yóu qù

圣地亚哥 越来 越累 了。
Shèng dì yà gē yuè lái yuè lèi le

圣地亚哥 一夜 没 合上 眼睛，望着 第 二天 的
Shèng dì yà gē yí yè méi hé shàng yǎn jing wàng zhe dì èr tiān de

太阳 从 海面 上 升 起来。
tài yáng cóng hǎi miàn shàng shēng qǐ lái

尽管 那条 大鱼 浮到 水面 近处，可是 圣地亚哥
Jǐn guǎn nà tiáo dà yú fú dào shuǐ miàn jìn chù kě shì Shèng dì yà gē

担心 钓线 被 拉断，不敢 使劲儿 拽 它。
dān xīn diào xiàn bèi lā duàn bù gǎn shǐ jìnr Zhuài tā

这时候，一只 小鸟 从 北方 飞来。
Zhè shí hou yì zhī xiǎo niǎo cóng běi fāng fēi lái

它 看 起来 非常 虚弱。
tā kàn qǐ lái fēi cháng xū ruò

“好好儿 歇着 吧，小鸟儿。然后 回去 重新 挑战
Hǎo hāor xiē zhe ba xiǎo niǎor Rán hòu huí qù chóng xīn tiǎo zhàn

你 的 生活。
nǐ de shēng huó

就像 所有 的 人、鱼、鸟 一样。”
Jiù xiàng suǒ yǒu de rén yú niǎo yí yàng

他 边说 边 让座 给 那只 鸟 休息。
Tā biān shuō biān ràng zuò géi nà zhī niǎo xiū xi

不幸 的 是，因为 握 钓线 的 时间 太 长 了，他
Bú xìng de shì yīn wèi wò diào xiàn de shí jiān tài cháng le tā

的 左手 不能 动弹 了。
de zuǒ shǒu bù néng dòng tan le

他 为了 长 力气, 没 放 一点儿 盐 就 把 昨晚
Tā wèi le zhǎng lì qi méi fàng yì diǎnr yán jiù bǎ zuó wǎn

钓到 的 小鱼 都 吃掉 了。
diào dào de xiǎo yú dōu chī diào le

就 在 此刻, 鱼 跃出 了 水面。
Jiù zài cǐ kè yú yuè chū le shuǐ miàn

它 的 嘴巴 像 棒球棍, 又长 又尖。
Tā de zuǐ bā xiàng bang qiú gùn yòu cháng yòu jiān

“我 一定 要 捕获 这 片 海里 最 伟大 的 鱼。
Wǒ yí dìng yào bǔ huò zhè piàn hǎi lǐ zuì wěi dà de yú

他 坚定 地 说。”
Tā jiān dìng de shuō

“而 我们 只 捕鱼 真 是 幸运 呢, 因为 如果
Ér wǒmen zhǐ bǔ yú zhēn shì xìng yùn ne yīn wèi rú guǒ

有人 要 追赶 太阳 和 月亮, 它们 就 会 永远
yǒu rén yào zhuī gǎn tài yáng hé yuè liàng tā men jiù huì yǒng yuǎn

跑掉。”
pǎo diào

海风 朝着 圣地亚哥 拽 钓线 的 方向 轻轻 地
Hǎi fēng cháo zhe Shèng dì yà gē zhuài diào xiàn de fāng xiàng qīng qīng de

吹来。
chuī lái

事实上, 圣地亚哥 曾经 被 称为 胜利者。
Shì shí shàng Shèng dì yà gē céng jīng bèi chēng wéi shèng lì zhě

有一次 圣地亚哥 和 一个 村里 最 健壮 的 男人
Yǒu yí cì Shèng dì yà gē hé yí ge cūn lǐ zuì jiàn zhuàng de nán rén

掰 手腕, 较量 了 一天 多 终于 赢了 他。
bāi shǒu wàn jiào liàng le yì tiān duō zhōng yú yíng le tā

可 现在, 他 认为 自己 不过 是 比 鱼 还 弱 的
Kě xiàn zài tā rèn wéi zì jǐ bú guò shì bǐ yú hái ruò de

老头儿。
lǎo tóur

圣地亚哥 出海 后 第 二天 晚上，他 碰巧 又
Shèng dì yà gē chū hǎi hòu dì èr tiān wǎn shang tā pèng qiǎo yòu

钓到 了 一条 可以 吃 的 小鱼。
diào dào le yì tiáo kě yǐ chī de xiǎo yú

因为 要 用 右手 抓 钓线，他 在 黑暗 中 只能
Yīn wèi yào yòng yòu shǒu zhuā diào xiàn tā zài hēi' àn zhōng zhǐ néng

用 左手 来 清理 那条 鱼。
yòng zuǒ shǒu lái qīng lǐ nà tiáo yú

鱼 是 生的，闻 起来 很 恶心。
yú shì shēng de wén qǐ lái hěn ě xin

但是 为了 不 倒下，圣地亚哥 闭上 眼睛 把它
Dàn shì wèi le bù dǎo xià Shèng dì yà gē bì shang yǎn jing bǎ tā

咽了 下去。
yān le xià qù

圣地亚哥 决定 睡 上 一觉，他 闭上 了 眼睛，用
Shèng dì yà gē jué dìng shuì shàng yí jiào tā bì shang le yǎn jing yòng

身体 压着 手。
shēn tǐ yā zhe shǒu

但 过了 一会，他 就 醒了，因为 钓线 快速 地
Dàn guò le yí huì tā jiù xǐng le yīn wèi diào xiàn kuài sù de

滑了 出去，伤了 他 的 手。
huá le chū qù shāng le tā de shǒu

天 又 亮了，鱼 围绕 着 船 慢慢地 转了 一大圈。
Tiān yòu liàng le yú wéi rào zhe chuán màn màn de zhuàn le yí dà quān

在 鱼 浮上 水面 的 时候，圣地亚哥 发现 鱼 比
zài yú fú shàng shuǐ miàn de shí hou Shèng dì yà gē fā xiàn yú bǐ

他的 船 还大。
tā de chuán hái dà

它 有着 令人 难以置信、 非常 美丽 的 紫色
Tā yóu zhe lìng rén nán yǐ zhì xìn fēi cháng měi lì de zǐ sè

条纹，在 阳光 下 泛着 光。
tiáo wén zài yáng guāng xià fàn zhe guāng

圣地亚哥 等着 那条 鱼 慢 下来。
Shèng dì yà gē děng zhe nà tiáo yú màn xià lái

然后 他 竭尽全力 地 把 鱼 拉了 上来。
Rán hòu tā jié jìn quán lì de bǎ yú lā le shàng lái

他 用 锋利 的 鱼叉 刺中 了 靠近 船边 的 鱼。
Tā yòng fēng lì de yú chā cì zhōng le kào jìn chuán biān de yú

鱼 像 鸟 一样 跃到 空中，溅起 了 水花。
Yú xiàng niǎo yí yàng yuè dào kōng zhōng jiàn qǐ le shuǐ huā

圣地亚哥 的 脸 和 手上 满是 伤口，他 感到
Shèng dì yà gē de liǎn hé shǒu shang mǎn shì shāng kǒu tā gǎn dào

头晕，眼前 出现 了 一团 黑点。
tóu yūn yǎn qián chū xiàn le yì tuán hēi diǎn

圣地亚哥 用 绳子 绑紧 鱼 后，开始 往家 所在
Shèng dì yà gē yòng shéng zi bǎng jǐn yú hòu kāi shǐ wǎng jiā suǒ zài

的 西南方 航行。
de xī nán fāng háng xíng

然而 不幸 的 是，出发 一个 小时 后，一只 闻到
Rán ér bú xìng de shì chū fā yí ge xiǎo shí hòu yì zhī wén dào

鱼 血腥味 的 凶猛 无比 的 鲨鱼 出现 了。
yú xuè xīng wèi de xiōng měng wú bǐ de shā yú chū xiàn le

鲨鱼 用 锋利 的 牙齿 咬住 了 鱼 的 尾巴。
Shā yú yòng fēng lì de yá chǐ yǎo zhù le yú de wěi bā

圣地亚哥 用 渔叉 刺中 了 鲨鱼 的 头 中央。
Shèng dì yà gē yòng yú chā cì zhōng le shā yú de tóu zhōng yāng

鲨鱼 ，可是 它 已经 吃掉了 大约 二十 公斤 的
shā yú kě shì tā yǐ jing chī diào le dà yuē èr shí gōng jīn de

鱼。
yú

“尽管 面临 着 这种 困难 的 情况, 我 认为 人
Jǐn guǎn miàn lín zhe zhè zhǒng kùn nán de qíng kuàng wǒ rèn wéi rén

可能 会 倒下, 但 不能 被 打败。”
kě néng huì dǎo xià dàn bú néng bèi dǎ bài

然而, 随后 又 来了 两只 鲨鱼, 好像 嘲笑 他 的
Rán ér suí hòu yòu lái le liǎng zhī shā yú hǎo xiàng cháo xiào tā de

话 似的 又 吃掉 了 一半儿 的 鱼。
huà shì de yòu chī diào le yí bànr de yú

圣地亚哥 用 刀子 把 两只 鲨鱼 都 刺杀 了。
Shèng dì yà gē yòng dāo zi bǎ liǎng zhī shā yú dōu cì shā le

刀子 像 之前 的 鱼叉 那样, 和 鲨鱼 沉入 海中。
Dāo zi xiàng zhī qián de yú chā nà yàng hé shā yú chén rù hǎi zhōng

圣地亚哥 把 血淋淋 的 双手 放进 海水 里。
Shèng dì yà gē bǎ xiě lín lín de shuāng shǒu fàng jìn hǎi shuǐ lǐ

“鱼啊, 我 对不起 你 了。”
Yú ā wǒ duì bu qǐ nǐ le

圣地亚哥 看着 太阳 落下 海平面, 后悔 跟着 鱼
Shèng dì yà gē kàn zhe tài yáng luò xià hǎi píng miàn hòu huǐ gēn zhe yú

走得 离 海岸 太 远 了。
zǒu de lí hǎi' àn tài yuǎn le

为了 回到 孩子 等待 自己 的 家乡 去, 他 在
Wèi le huí dào hái zi děng dài zì jǐ de jiā xiāng qù tā zài

深深的 黑暗 中 继续 驾驶 钓船。
shēn shēn de hēi' àn zhōng jì xù jià shǐ diào chuán

到了 深夜, 一群 鲨鱼 又 袭击 了 鱼。
Dào le shēn yè yì qún shā yú yòu xí jī le yú

他的 小船 差点儿 被 翻倒。
Tā de xiǎo chuán chà diǎnr bèi fān dǎo

圣地亚哥 没有 武器, 什么 都 做不了。
Shèng dì yà gē méi yǒu wǔ qì shén me dōu zuò bu liǎo

鲨鱼们 几乎 把 鱼 都 吃光 了。
Shā yú men jī hū bǎ yú dōu chī guāng le

圣地亚哥 发现 了 家乡 的 灯光 闪烁 在 夜晚
Shèng dì yà gē fā xiàn le jiā xiāng de dēng guāng shǎn shuò zài yè wǎn
大海 的 尽头。
dà hǎi de jìn tóu

他 静静 地 坐 在 被 鲨鱼 破坏 的 船上, 什么
Tā jìng jìng de zuò zài bèi shā yú pò huài de chuán shàng shén me
都 不想。
dōu bù xiǎng

圣地亚哥 到达 港口 时 已经 是 夜晚 了。
Shèng dì yà gē dào dá gǎng kǒu shí yǐ jing shì yè wǎn le

他 没 把 鱼骨 拿走, 就 回家 了。
Tā méi bǎ yú gǔ ná zǒu jiù huí jiā le

他 背着 重重 的 家什, 在 路上 摔倒 了 好
Tā bèi zhe zhòng zhòng de jiā shi zài lù shang shuāi dǎo le hǎo
几次。
jǐ cì

他 一 到家 就 沉睡 了 过去。
Tā yī dào jiā jiù chén shuì le guò qù

早晨, 男孩儿 跑到 他家 后 发现 了 老人 满身
Zǎo chén nán háir pǎo dào tā jiā hòu fā xiàn le lǎo rén mǎn shēn
都是 伤口, 就 伤心 地 哭了 起来。
dōu shì shāng kǒu jiù shāng xīn de kū le qǐ lái

为了 给 圣地亚哥 拿 一杯 加 点 牛奶 和 糖 的
Wèi le gěi Shèng dì yà gē ná yì bēi jiā diǎn niú nǎi hé táng de
热 咖啡, 男孩 跑出 门外。
rè kā fēi nán hái pǎo chū mén wài

很多 渔夫 聚集 在 圣地亚哥 的 船 周围。
Hěn duō yú fū jù jí zài Shèng dì yà gē de chuán zhōu wéi

他们 看到 巨大 的 鱼骨 大吃一惊。
Tāmen kàn dào jù dà de yú gǔ dà chī yì jīng

“你看，这条 鱼 足足 有 5.5 米 长。”
Nǐ kàn zhè tiáo yú zú zú yǒu wǔ diǎn wǔ mǐ cháng

但是 男孩儿 却 没有 看 他们，径直 往 他家
Dàn shì nán háir què méi yǒu kàn tāmen jìng zhí wǎng tā jiā

跑去。
pǎo qù

圣地亚哥 终于 在 熟睡 中 醒 过来，看见 了
Shèng dì yà gē zhōng yú zài shú shuì zhōng xǐng guò lái kàn jiàn le

为了 照顾 自己 而 坐 在 他 身边 的 男孩。
wèi le zhào gù zì jǐ ér zuò zài tā shēn biān de nán hái

圣地亚哥 一脸 疲倦 地 边 喝 咖啡，边 向
Shèng dì yà gē yì liǎn pí juàn de biān hē kā fēi biān xiàng

男孩儿 诉说 自己 最终 被 打败 了。
nán háir sù shuō zì jǐ zuì zhōng bèi dǎ bài le

男孩儿 说 村里 的 每个 人 都 一直 在 努力 地
Nán háir shuō cūn lǐ de měi ge rén dōu yì zhí zài nǔ lì de

寻找 他。
xún zhǎo tā

“我 在 这 三天 就 钓到 了 四条 鱼 了。”
wǒ zài zhè sān tiān jiù diào dào le sì tiáo yú le

“你 做得 很 不错。”
nǐ zuò de hěn bú cuò

圣地亚哥 温柔 地 对 男孩儿 微笑。
Shèng dì yà gē wēn róu de duì nán háir wēi xiào

“我 会 给 你 带来 好运，带 我 一起 去 出海
wǒ huì gěi nǐ dài lái hǎo yùn dài wǒ yì qǐ qù chū hǎi

钓鱼 吧。”
diào yú ba

男孩儿 对 圣地亚哥 说。
Nán háir duì Shèng dì yà gē shuō

“希望 你 早点儿 恢复 健康，因为 你 还 得 教
Xī wàng nǐ zǎo diǎnr huī fù jiàn kāng yīn wèi ní hái děi jiāo

我 钓鱼 呢。”
wǒ diào yú ne

男孩儿 按 他的 吩咐 出去 拿 饮食 和 报纸，
Nán háir àn tā de fēn fù chū qù ná yǐn shí hé bào zhǐ

圣地亚哥 又 睡着 了。
Shèng dì yà gē yòu shuì zháo le

在 男孩儿 把 东西 拿 回来 坐 在 床边 看着 他
Zài nán háir bǎ dōng xi ná huí lái zuò zài chuáng biān kàn zhe tā

的 时候，圣地亚哥 正在 做梦，他 梦见 了 一只
de shí hou Shèng dì yà gē zhèng zài zuò mèng tā mèng jiàn le yì zhī

非洲 狮子。
fēi zhōu shī zi